그 만남을 묻다

삶으로 답하다

인생에 단 한 번,

그러나 영원한 만남이 찾아오다
평범하지만 비범한 7인의 삶이 말하는 예수

김형국, 김수형 지음

생명의말씀사

그 만남을 묻다

ⓒ 생명의말씀사 2024

2024년 5월 20일 1판 1쇄 발행

펴낸이 ㅣ 김창영
펴낸곳 ㅣ 생명의말씀사

등록 ㅣ 1962. 1. 10. No.300-1962-1
주소 ㅣ 서울시 종로구 경희궁1길 6(03176)
전화 ㅣ 02)738-6555(본사)·02)3159-7979(영업)
팩스 ㅣ 02)739-3824(본사)·080-022-8585(영업)

지은이 ㅣ 김형국, 김수형

기획편집 ㅣ 서정희, 김자윤
디자인 ㅣ 박소정
인쇄 ㅣ 영진문원
제본 ㅣ 다온바인텍

ISBN 978-89-04-16876-7 (03230)

저작권자의 허락 없이 이 책의 일부 또는 전체를
무단 복제, 전재, 발췌하면 저작권법에 의해 처벌을 받습니다.

그 만남을 묻다

삶으로 답하다

contents

 여는 글 _만남은 혁명이다 / 7

모범생이었다 / 13
천국의 사냥개에게 물린
홍경택

허무를 즐겼다 / 53
하나님의 유치장에 갇힌
김현일

나는 없었다 / 97
아버지 안에서 참된 나를 찾은
김옥란

외톨이였다 / 137
진정한 사랑과 환대를 경험한
김민영

근사할 줄 알았다 / 169
화려함 대신
가장 낮아지고 싶은
박성태

결핍이 운명이었다 / 211
돌아가지 않는 탕자에서
섬기는 이가 된
유현숙

성공하고 싶었다 / 251
세상의 성공이 아닌
하나님의 선한 일에 도전하는
손병기

닫는 글 _진솔한 만남 진정한 예배 / 291

여는 글

만남은 혁명이다

　인생에서 만남이 중요한 걸 모르는 사람은 없다. 모든 만남은 다 소중하다. 하지만 그중에서도 최고의 만남은 신과의 만남 아닐까. 신이 있다면 말이다. 나는 고등학교 1학년 때, 예기치 않게 예수님을 만났다. 그때 내가 이해했던 예수는 지금 와서 보면 참 피상적이었다. 하지만, 진짜였다. 이후 내 인생은 180도 바뀌었다. 그때부터 나는 그 예수를 가까운 사람들에게 소개했고, 그 예수를 만난 사람들의 인생이 바뀌어 가는 모습을 '수없이' 목도했다. 친절하고 지혜로운 안내자라는 '임무'는 무거우면서도 신나는 일이었다.

2001년에 나들목교회를 시작하면서, '찾는이'(세상에 함몰되지 않고 자신과 세상과 하나님에 대해 질문하는 사람들)를 위한 교회가 되기를 기도했다. '찾는이 중심'은 나들목교회의 다섯 가지 중심 가치(찾는이 중심, 진실한 공동체, 균형 있는 성장, 안팎의 변혁, 소망하는 예배) 중에서 첫 번째 가치였다. 2001년부터 2019년에 나들목교회가 다섯 교회로 분교할 때까지, 나들목교회에서 공식적으로 세례식을 통해 예수를 만났다고 고백한 사람은 635명이다. 그리고 교회 출석만 하던 명목상 그리스도인이 예수를 만나고, 하나님 나라 복음을 듣고 '찐' 성도가 되었다고 고백한 사람들, 하나님 나라 사람으로 제대로 살기 시작한 사람들도 그만큼은 되었던 것 같다.

그래서 1년에 네 차례 있었던 나들목교회 세례식은 언제나 감격스러운 시간이었다. 세례식이 있는 예배가 끝나면, 때로는 눈물범벅이 된 세례자에게 똑같은 말을 해 주곤 했다. "축하해요. 너무 기뻐요. 그런데 여러분은 지금 출발선에 서 있지, 결승선에 도달한 건 아니에요. 여기까지 온 사람 중에 더러는 출발선 근처에서 서성이다가 인생을 마무리해요. 이제 저의 형제자매가 된 여러분, 예수를 따르는 삶은 지금부터예요."

그렇게 100여 차례 가까이 세례식이 열렸고, 나는 그들의 삶이 변화하는 과정을 지켜보는 영광을 누렸다. 아니 더 정확히 말하면, 나도 그들과 함께 계속 변화하고 성숙해 가는 신비를 경험했다. 하루를 들여다보면 별 변화가 없는 듯해도, 10년을 돌아보고 20년을 회상하면, '만남은 혁명이

다'라고 고백할 수밖에 없다.

그 놀라운 이야기를 나누고 싶었다. 그래서 이미 다섯 교회로 흩어졌지만, 나들목교회에서 세례받고 10년이 넘은 분들, 이제는 공동체 리더로서 있는 분들의 이야기를 추적했다. 출발선 이후의 삶, 그 변화의 과정을 진솔하게 살펴보았다. 그중에 열 분의 이야기를 대담 설교로 나누었다. 잠시 유행했던 경연 프로그램에서 따온 "나는 OOO였다"라는 제목으로 예배는 지난 2년간 이어졌다. "나는 모범생이었다"(홍경택), "나는 외톨이였다"(김민영), "나는 묻어두고 살았다"(김월민), "나는 행복한 가정을 꿈꾸었다"(최재영), "나는 허무주의자였다"(김현일), "나는 성공을 꿈꾸는 직장인이었다"(손병기), "나는 내가 없었다"(김옥란), "나는 결핍투성이 엄마로 살 줄 알았다"(유현숙), "우리는 무대를 꿈꾸며 살았다"(김명희+조재국), "나는 근사하게 살고 싶었다"(박성태).

그들의 삶을 오랫동안 지켜봐 와서 그들이 겪은 변화와 성숙을 제법 안다고 생각했다. 그러나 대담 설교를 준비하기 위해 심층 인터뷰를 하면서 다시 한번 놀랐다. 그들 속에서 일어난 변화는 더 깊고 실제적이었으며, 무엇보다 현재진행형이었다. 대담 설교를 하면 할수록, 예수에 대해 궁금해하는 사람들, 예수를 믿고 따르는 '진짜' 삶이 무엇인지 알고 싶어 하는 사람들에게 이들의 이야기를 더 생생히 전해 주고 싶었다. 이 책은 '만남 시리즈' 3부작의 마지막 책이다. 첫 책인 『만나지 않으면 변하지 않는다』

가 예수를 만나 변화한 성경 인물들 이야기라면, 두 번째 책 『만남은 멈추지 않는다』는 예수를 만났는데도 쉽게 변하지 않았던 성경 인물들의 이야기였다. 이제 마지막 책인 『그 만남을 묻다』는 지금 이곳에서 예수를 만나고 10-20년간 변화한 사람들의 살아 있는 이야기이다.

정해진 책 분량으로 대담자 열 분의 이야기를 다 담지는 못했다. 진실한 공동체에는 평범하나 비범한 이야기가 늘 넘쳐나므로, 『그 만남을 묻다』라는 제목의 책은 계속 이어서 나올 수도 있으리라 생각한다. 예수를 만난 사람들의 삶은 점진적으로 변화하지만, 혁명이라는 표현이 어울릴 만큼 급진적이기도 하고, 또 그만큼 경이롭다.

실제 예배 실황을 최대한 살리는 형식으로 대담 내용을 정리해 실었다. 이 작업은 나와 25년간 '찾는이와 함께하는 예배'를 같이 고민하며 꾸려온 김수형 작가가 맡았다. 오랜 동행과 동역이 얼마나 자랑스러운지 모른다. 이 지면을 빌려 고마움을 전한다. 그리고 일곱 분의 삶이 생생하게 드러나도록 사진을 찍어 준 최용석, 황호규 작가에게도 감사를 표한다. 예배를 더 많은 사람이 볼 수 있도록 영상 작업에 애써 준 자원활동가 분들에게도 감사한 마음을 전한다. 마지막으로 "만남 시리즈" 세 권이 탄생하기까지 함께 걸어준 편집자들과 생명의말씀사에도 고맙다는 인사를 남긴다.

'그 만남'을 우리 '삶으로 답하는 것'! 그 일이 이 책을 손에 쥔 당신에게도 일어나기를 바란다.

봄이 오는 나들목영성센터에서

김형국

천국의
사냥개에게
물리다

홍경택 2005년 11월 27일 세례, 서울대학교병원 소아청소년과 임상부교수, 미국혈액학회, 국제소아혈액종양학회 정회원, 더불어함께교회 청계늘푸른가정교회 목자, 환아와 그 가족에게 작은 위로와 힘이 되고픈 의사, 두 아이에게 예수님의 향기를 알려 주고 싶은 아빠이자 아내와 같은 곳을 바라보며 함께 예수님을 닮아가고픈 남편, 저서 『Vamos a Estudiar Acerca de Los Ninos』(KOICA), 『하나님께서 이끄시는 삶』(라온누리).

모범생이었다

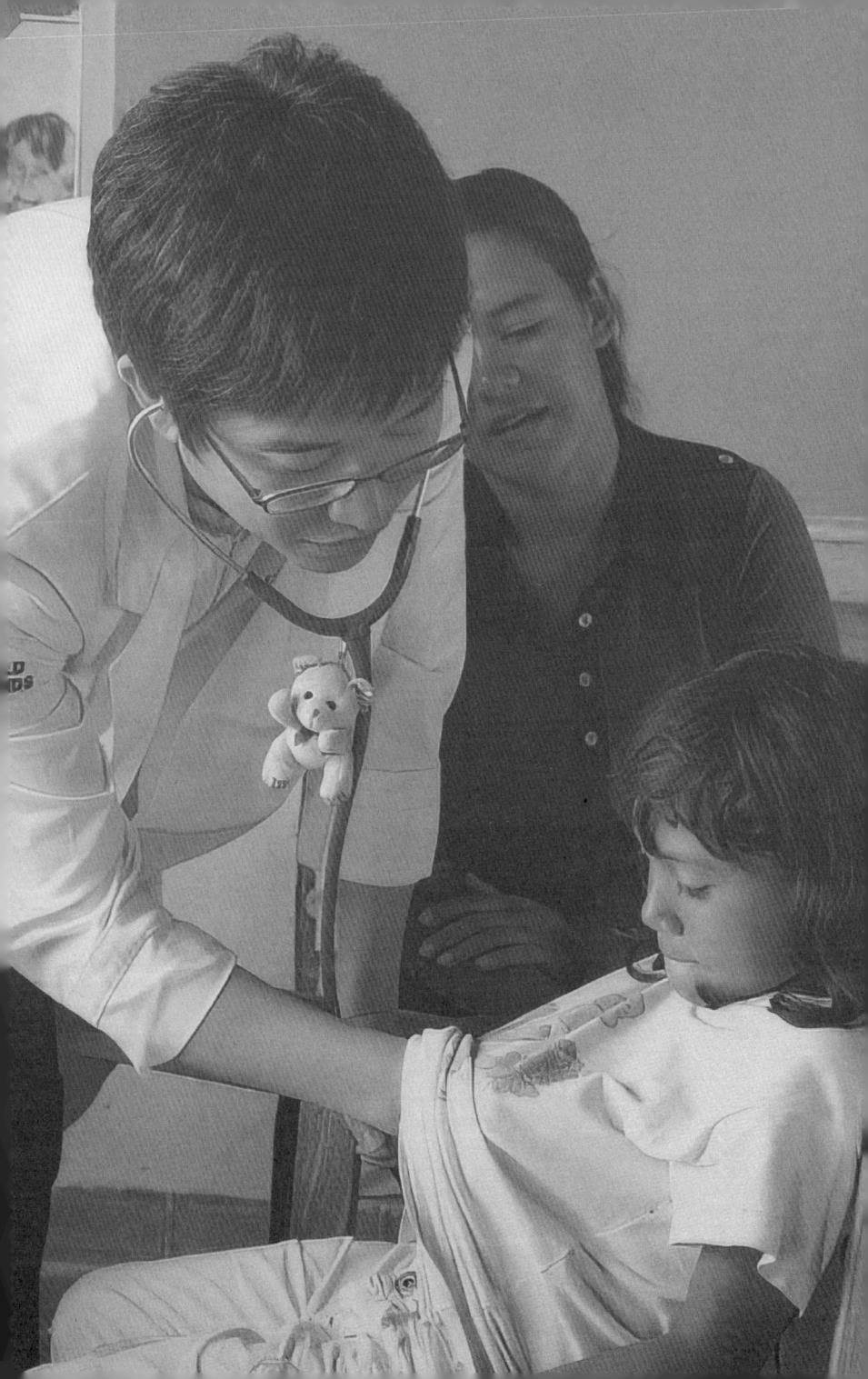

무대 위에 두 개의 의자가 있고 뒤편에는 하얀 스크린이 있다. 김형국 목사가 무대 위로 오른다.

제가 나들목교회에서 18년간 사역하면서 소중히 여겼던 사역 중 하나가 세례식입니다. 18년 동안 635명이 세례를 받았는데요. 그분들의 고백문이 제 컴퓨터에 고스란히 담겨 있습니다. 세례자마다 하나님을 만나는 방식이 모두 다르고 고백문도 하나하나가 다 주옥같아요. 그래서 하나님께서 일하신 635건의 역사를 공유하고 싶었습니다. 제가 쓴 책 『만나지 않으면 변하지 않는다』는 예수님을 만나고 삶이 변한 성경 속 다섯 인물의 이야기를 담았습니다. 그리고 『만남은 멈추지 않는다』는 예수님을 만나서 바로 삶이 바뀌지 않았지만, 나중에는 바뀌었을 성경 인물을 다루었습니다. 그렇다면 오늘날 예수를 만나고 삶이 변한 사람들은 없을까, 하는 생각에 인터뷰 설교를 기획했습니다. 어떤 만남은 혁명 같아서 한 사람의 인생을 180도 바꾸어 놓습니다. 예수를 만나기 전에 자기 정체성을 '모범생'이라고 밝힌 한 사람을 무대로 모실까 합니다. "모범생이었다"라는 제목이 좀 '밥맛'처럼 들릴 수도 있지만 (웃음), 모범생들은 규칙을 잘 따르고 열심히 산다는 면에서 매우 건전합니다. 대체로 모범생으로 살다가 건전한 시민으로 자라죠. 사회 규칙을 잘 따르면서 열심히 살아가는 사람, 이들이 모범생이고 건전한 시민입니다. 예수님을 만나기 전에도 건전하게 살았던 모범생, 홍경택 전문의를 무대로 모시겠습니다.

> 무대 뒤 스크린에 홍경택이 세례를 받는 사진. 김형국 목사가 홍경택의 머리 위에 손을 얹고 세례를 주고 있다.

홍경택 형제는 2005년 11월 27일에 세례를 받았습니다. 머리에 왁스를 잔뜩 바르고 세례를 받는 모습이 보이죠? 그리고 그 옆에 두툼해 보이는 사람이… 접니다. 홍경택 형제가 어떻게 예수님을 만났고, 또 그 후의 삶은 어땠는지 함께 이야기 나누겠습니다.

소아혈액종양전문의로 알고 있는데, 먼저 자기소개를 해 주시겠어요?
말씀하신 대로 저는 소아혈액종양전문의입니다. 보통 소아암이라고 하죠. 백혈병 같은 중증질환을 치료하고 있습니다. 제 성향상 수술장에 오래 있는 것보다는 환자를 진찰하고 대화하는 것이 좋아서 처음에는 내과 쪽으로 가려고 했어요. 그런데 병원이란 데가 웃을 일이 너무 없는 거예요. 환자를 치료하면서 보람을 느끼고 행복한 곳일 줄 알았는데, 인턴을 해 보니 제 마음이 너무 슬프고 무거웠어요. 유일하게 어린이 환자를 볼 때만 마음이 무장해제 되더라고요. 아이들은 솔직해서, 아프고 무서우면 힘들어 하다가도 괜찮아지면 금방 장난치고 웃어요. 제가 평생 할 일이라면 웃으며 일할 수 있는 분야를 택하고 싶었어요. 그리고 아무 잘못도 없는 아이들이 너무나 힘든 아픔을 겪고 있잖아요. 그런 아이들과 가족들 쪽으로 제 마음이 제일 많이 움직이더라고요. 그래서 과감하게 소아혈액종양을 선택했는데요. 아직도 좌충우돌하고 있습니다. (웃음)

제가 알기로는 우리나라에서 소아혈액종양 쪽으로는 매우 주목받는 의사라고 들었어요.
(손사레) 아닙니다.

방금 이야기했듯이, 잘못한 것도 없이 고통을 겪는 어린 환자를 치료하는 일은 참 어려울 것 같아요. 가슴 아픈 순간이 많았을 것 같은데요.
누구 한 명을 말하긴 어려운 것 같아요. 지금도 치료받고 있는 아이들이 많은데, 제일 많이 마음에 남는 경우는 떠나보내야 하는 아이들입니다. 의사 일을 하면서도 내가 잘하고 있는지, 잘할 수 있는지, 고민을 많이 합니다. '이 아이는 충분히 살릴 수 있지 않았을까?' 하는 생각도 하고요. 병 상태가 너무 나빠서 아무리 치료해도 다시 재발하고, 심지어 더 나빠질 때는 의사로서 무력감을 느껴요. 또 저희 치료 때문에 합병증이 생기거나 부작용으로 갑자기 나빠진 아이는, 지금까지 마음에 큰 멍으로 남아 있습니다.

듣고 보니 무척 어려운 일이네요. 죽음을 계속 만나는 현장에 있으면 의사들도 무척 힘들 것 같은데요. 의사들은 어때요?

저는 소아청소년과에만 있었으니까 잘 모르지만, 어르신 환자를 돌보는 의사들은 죽음에 대해 무뎌지기도 합니다. 하지만 정말 무뎌질 수 없는 게 아이들의 죽음입니다. 소아청소년과 의사들은 다 저와 비슷한 마음일 겁니다. 미숙아를 보는 분들도 있고, 여러 희귀 질환을 보는 분들도 많은데요. 감정이입을 하면, 의사도 사람인지라 여러 어려운 상황들이 존재를 막 흔들어서 아무것도 못 하게 됩니다. 나이가 들고 경력이 쌓여도 그 부분은 잘 적응이 안 되는 어려운 부분 같습니다.

소아혈액종양은 치료가 어려운 분야라서 특히 더 힘들 것 같아요. 왜 그렇게 어려운 분야를 선택했어요?

제가 하나님을 몰랐다면 이 직업을 절대 선택하지 않았을 것 같아요. 제게 맡겨진 일 안에서 제가 잘할 수 있는 분야가 무엇일까 고민했을 때, 설명하긴 어렵지만 계속 제 마음에 다가왔던 환자가 아이들이었어요. 아이들을 돌보면서 '내가 이 일을 잘할 수 있을까?'라는 고민도 많았지만, '아, 하나님께서 함께하시면 충분히 감당할 힘을 주시겠지' 하는 생각으로 무모하게 이 직업을 택했던 것 같습니다.

아침에 병원으로 출근할 때 어떤 마음이 들어요? 날마다 생과 사를 오가는 아이들을 만나기 위해 출근하는 거잖아요. 어떤 기분일까요?

지금도 병원에 아이들이 있잖아요. 내 말 한마디로 그 아이들이 불편한 검사도 하고, 아픈 치료도 받는데, '정말 이게 맞는 선택인가? 내 판단이 옳을까? 이 아이를 다시 건강하게 할 수 있나?' 하는 생각에 날마다 두려워요. 그래서 아침에 출근할 때나 병원에 도착해서, 오늘 내가 만나는 아이들과 가족들에게 따뜻한 하나님의 사랑이 전해지기를, 그리고 제 판단이 정말 아이를 위한 최선이기를 기도합니다.

아, 괜히 물어봤어요. 초반에 너무 신앙 이야기로 훅 들어갔네. (웃음) 어쨌든 대학로에 있는 유명한 병원의 의사가 되셨는데, 어떤 환경에서 자랐나요?

저는 좋은 부모님 밑에서 감사하게 잘 컸다고 생각합니다. 유교적 집안이어서 교회는 전혀 모르고 자랐습니다. 아버님이 굉장히 엄격한 편이셨고, 부모님 모두 책임감이 강하셨어요. 공부하라는 압박은 크게 안 하셨는데, 항상 강조하셨던 것은 '건강하고 성실해라', '사회에 꼭 필요한 사람이 돼라'였어요. 경제적으로 그리 넉넉하진 않았습니다. 인천에 있는 달동네에서 컸는데, 그래서 일찍 철이 들었던 것 같아요. 어렸을 때 뭘 갖고 싶다고 막 투정했던 기억은 없습니다. 부모님이 돈이 없으시니까 '내가 잘 아껴야지'라고 생각했던 것 같습니다. 제가 살았던 환경은 항상 '마이너'였거든요. 제가 나온 초등학교와 중학교, 그리고 고등학교까지 소위 좀 뒤처지는 학교였어요. 그래서 항상 그 안에서 열심히 발버둥을 쳤던 것 같아요. '내가 열심히 더 잘하자', '내가 좀 더 해 보자' 그렇게 공부를 하다 보니까 보상도 있었고요. 책임감을 가지고 열심히, 치열하게, 모범생처럼 살았습니다.

처음부터 의사가 되려고 했어요? 가족들은 의사가 된다고 하니 좋아했을 것 같은데요.

고등학교 때 직업을 고민하면서 진지하게 의대를 생각했는데요. 부모님과 학교 선생님들은 현실적인 이유로 반대하셨어요. 사실 의대라는 곳이 쉽게 갈 수 있는 곳이 아니니까요. 제가 다닌 고등학교가 그렇게 잘하는 학교는 아니었거든요. 그러니까 '네 분수를 좀 알아라!' 이런 거죠.

아, 학교에서도 의대에 학생을 보내는 게 어렵다고 생각했군요.

네. 아버님은 당시 경제적으로도 좀 어려운 때여서 안정적인 공무원이 되기를 바라셨습니다. 괜히 잘못 판단해서 재수 삼수하지 말고 잘 결정하라고 하셨는데, 그래서 아버지하고 1년 정도 갈등이 있었죠. 지나서는 그 시간이 감사했는데, 단순하게 안정적인 직업으로서의 의사가 아니라 '내가 왜 굳이 의사를 하려고 하지?'라는 진지한 고민을 그때 했어요. '다른 사람에게 도움이 되는 가치 있는 사람으로서 의사라는 직업을 택해야겠다'라고 확신을 가졌던 시기여서, 고맙게 생각하고 있습니다.

의대보다 더 안정적인 선택을 할 수 있는 상황에서 좀 더 가치 있고 세상에 필요한 사람이 되겠다고, 고등학교 3학년이 결정하기란 쉽지 않았을 것 같은데요. 그래서 목표한 대학에 당당히 들어갔나요?

감사하게도 잘. (웃음)

네. 다행히도 잘. (웃음) 가치 있는 삶을 살겠다. 다른 사람에게 도움을 주는 사람이 되겠다. 이런 포부를 가지고 대학에 들어갔는데, 대학 생활은 어땠어요?

확률이 낮은 상황에서 한 번에 대학에 붙다 보니까, 사람이 굉장히 교만해졌습니다. 그래서 '아, 마음만 먹으면 못 할 게 없구나'라는 자신감으로 상당히 많은 활동을 했습니다. 동아리도 처음에 일곱 개 정도 하고, 춤도 열심히 추고, 술도 많이 마셨고, 여행도 방학 때마다 다니고 그랬어요. 옛날에는 항상 마이너였는데, 여기 오니까 아무도 나를 범생이로 보지도 않았죠. 다들 나보다 뛰어난 애들이라서 그 무리 속에서는 내가 하고 싶은 대로 해도 괜찮았거든요. 그러다 보니 어깨에 힘이 들어가서 뭐든 다 할 수 있다는 자신감으로, 예전에 가지고 있었던 고민은 다 잊어버리고 그냥 재미있게 살았습니다.

마이너리그에 있다가 메이저리그에 들어간 기분?

그렇게 생각했던 것 같아요.

2005년에 썼던 세례 고백문에 그 이야기가 있더라고요. 읽어 보실래요? 인터뷰 설교를 준비하면서 십몇 년 만에 세례 고백문을 다시 봤는데 그

아침에 출근할 때나 병원에 도착해서,
오늘 내가 만나는 아이들과 가족들에게
따뜻한 하나님의 사랑이 전해지기를,
그리고 제 판단이 정말 아이를 위한
최선이기를 기도합니다.

부분이 있더라고요. 읽어 보겠습니다.

"그 후로의 대학 생활은 안 봐도 비디오입니다. 자신감이 지나쳐서인지 하고 싶은 게 많아서인지 이런저런 일들을 많이 하게 되었고 참 바쁘게도 지냈습니다. 동아리 활동, 술, 연애, 아르바이트, 여행. 그러면서 저는 갈수록 더욱더 저 자신에게 집중해 갔고 처음 가졌던, 다른 사람을 위한 삶에서는 매우 멀어져 갔습니다. 하지만 저는 너무 위험하게도 '나중에 하면 되겠지'라는 생각으로 전혀 상황 파악을 못 하고 있었습니다."

세례 고백문을 읽는 동안 스크린 위로 홍경택의 대학 생활 사진이 보인다. 조명이 화려한 무대 위에서 마이크를 들고 춤추며 노래하는 모습.

저기 오른쪽에 저 가수가 본인이에요?
네. 제가… 축제 때 친구 둘하고 무대에서 춤추고 노래했던 건데요.

와! 왼쪽 사진은요?
의대에 가서 춤 동아리를 만들었어요. 같이 정기 공연하는 사진입니다.

춤을? 여기서 한번 청해 보면 좋겠지만, 아마 녹슬었을 거예요. 야, 진짜 잘 놀았네요. 술은 주로 무슨 주종으로?
뭐 다 마셨습니다. 주량을 대학 때 굉장히 늘렸습니다. 그래서 필름도 많이 끊겨보고. 대학로 길바닥에서―

그만, 그만합시다. 전에 가끔 대학로에서 길바닥에 누워 있는 청년들을 봤는데, 그 학교 학생일 거라고는 상상도 못 했네요. 사실 그 시기에는 재미있고 신나는 게 많잖아요. 술도 있고, 여자 친구도 있고, 등산도 가고, 춤도 추고, 젊은 인생을 즐길 수 있을 만큼 맘껏 즐기면서 어려운 의학 공부에 매진했을 것 같아요. 그런 상황에서 하나님을 믿는다? 쉽지 않았을 것 같은데 어떤 계기가 있었나요?

의대 예과 2년을 보내고 본과에서 의학을 제대로 배우면서 고3 때 했던 고민이 다시 찾아왔어요. 나만 즐겁자고 대학에 온 건 아니고, 어쩌면 운이 좋아서 의대까지 왔을 수도 있는데, '이렇게 내 맘대로 살아도 되나?' 하는 질문이 생겼어요. 그래서 다시 옛날 범생이 모드로 돌아가서 열심히 공부도 하고, 방학 때는 지체장애아동을 위한 봉사활동도 하면서 모범적으로 열심히 살았어요.

학교에서 학생 이름 순서대로 번호를 매기잖아요. 그때 제 앞번호 친구가 제 인생에서 굉장히 중요한 역할을 했어요. 여학생이었는데 같이 피검사 교육을 하면서 서로 채혈을 했어요. 짝끼리 주사기로 찔러서 피를 뽑고 하는데, 제가 같은 주사기로 세 번인가 찔렀거든요. 그러면 안 되는데 잘 몰랐던 거죠. 그래서 미안한 마음에 밥이라도 한 번 사겠다고 해서 같이 밥 먹으러 갔어요. 사실은 할 이야기도 별로 없었습니다. 그냥 미안해서 사준 거였거든요. 그때 그 친구가 흔히 말하는 굉장히 독실한 기독교 신자였어요.

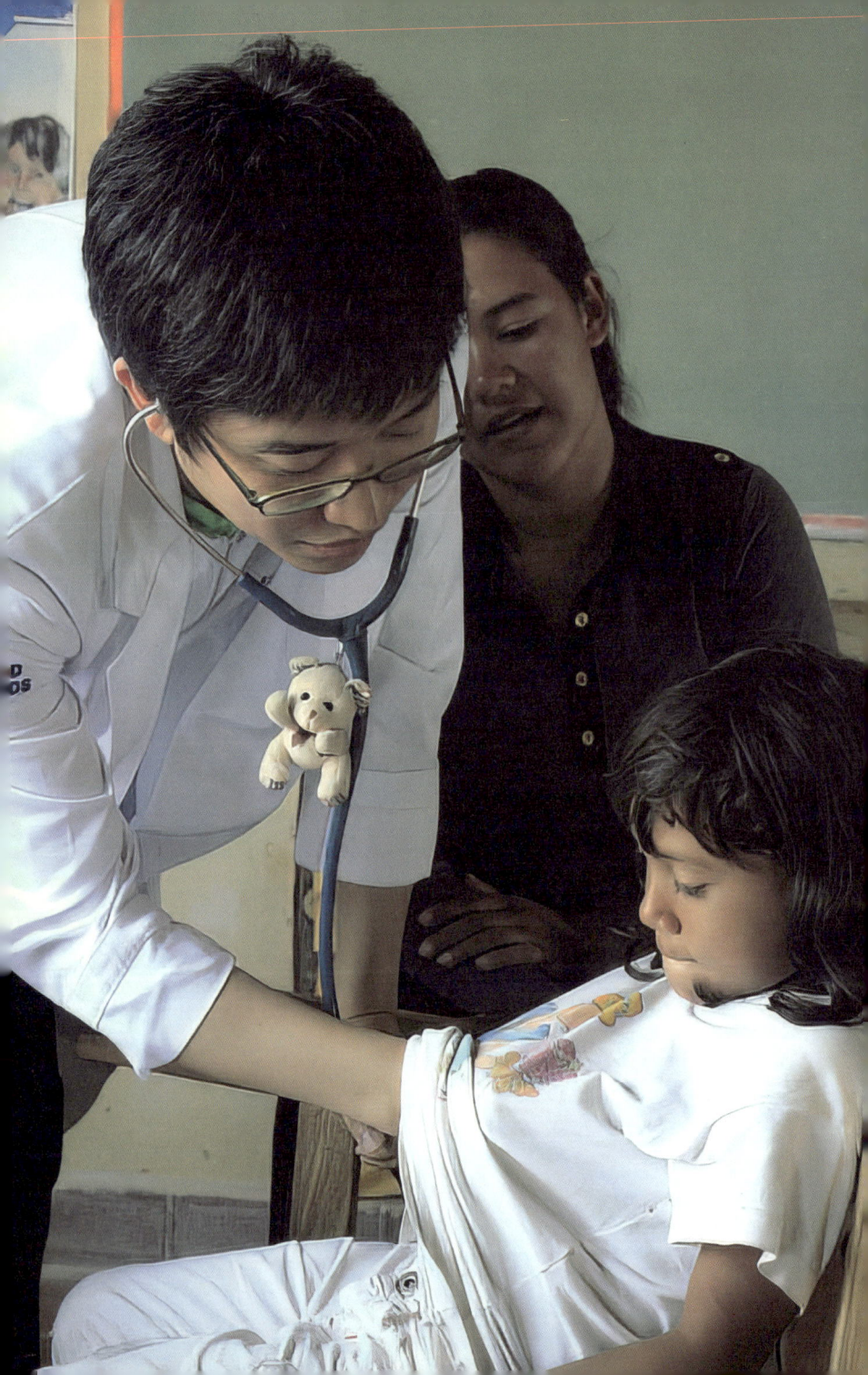

세상 사람들은 '환자'라고 부르기도 하죠.

네. 그래서 좀 부담스러운 친구였는데, 앞번호라서 항상 같이 지냈어요. 사실 저는 노방전도를 하거나 대학 캠퍼스에서 전도하는 분들하고 두 시간도 이야기하거든요. 저 자신에 대한 자신감이 넘쳐서, '그 말도 옳지만 이렇게 생각하는 것도 옳지 않나요?' 하고 토론하는 걸 좋아했어요. 밥 먹으면서 그 친구한테 할 이야기가 없으니까, 제가 용감하게 먼저 물어봤어요. "야, 나는 딴 건 다 알겠는데, 기독교는 왜 모든 사람을 다 죄인이라고 해? 세상에 성실하고 열심히 사는 사람들이 얼마나 많은데……."

본인처럼?

네, 맞아요. (웃음) "야, 그리고 그리스도인 중에 위선적인 사람도 많은데, 남들보고 다 죄인이라고 하는 건 좀 심하지 않아?" 하고 물었죠. 제가 당시에 바쁜 중에도 봉사활동을 열심히 하고 있어서 자신 있게 물어봤던 것 같아요.

세례 고백문에서도 그 부분이 눈에 띄었어요. 그때 그 친구가 굉장히 좋은 이야기를 했더라고요. 그 부분을 읽어봐 주시면 어떨까요?

"그때 저의 가장 큰 궁금증은 '왜 모든 사람이 죄인인가'였습니다. 잘 기억은 안 나지만 저에게 가장 크게 와 닿았던 그 친구의 설명은 이랬습니다. '사람이 아무리 선행을 해도 그 안의 뿌리를 잘 생각해 봐야 해. 과연 선행을 위한 마음인지, 아니면 선행으로 자신을 좀 더 비추고 드러내려고 한 건지. 너 자신의 만족을 위해서 한 건 아닌지 한번 생각해 봐. 그런 것도 하나의 죄가 될 수 있지.' 정말 다행히도 하나님의 은혜로 그 말이 제게 크게 와닿았습니다. 제 모습과 너무 똑같았기 때문입니다. '다른 사람을 위해 봉사하는 삶을 살겠다'라고 했던 내 생각의 뿌리는 무엇이었을까? 과연 정말 다른 사람을 섬기려는 마음이 넘쳐나서였을까, 아니면 가진 것을 조금 베풀며 다른 사람에게 착한 사람이라는 말을 듣고 싶어서였을까. 그때 처음으로 '나도 죄인일 수 있겠구나'라고 생각했던 것 같습니다."

좋은 대학에 들어가서 성공한 듯 보이는 모범생에다 사회봉사도 열심히 하는 착한 친구가 '내가 죄인일 수 있구나'라고 자각했다니, 굉장한 일이죠. 하지만 그런 자각을 했다고 금방 그리스도인이 되는 건 아닐 텐데요.

네, 그런 자각은 있었지만, 제 나름대로 열심히 살고 있었으니까 그 삶을 깨고 싶진 않았어요. 그래서 옷장 한구석에 그 생각은 넣어놓고, 본과 생활을 하는 동안에 열심히 공부만 하면서 닥치는 대로 치열하게 살았어요. 그 친구가 속해 있는 선교단체에서 저를 위해 기도한다는 이야기도 들었는데, 기도해 준다니까 기분이 나쁘지는 않았지만, 나와 상관없는 이야기 같았고 그냥 그렇게 1년을 지냈습니다. 그러다가 그 친구가 저한테 좀 더 강력하게 메시지를 전한 게 계기가 돼서, 다시 한번 기독교에 대해 진지하게 생각하게 됐습니다.

그 특별한 계기가 뭔가요?

잘 아시듯 기말고사 때는 대부분 도서관에서 공부하잖아요. 그때도 기말고사가 일주일밖에 안 남았는데 그 친구가 갑자기 저를 불러내더니 주섬주섬 편지를 주는 거예요. '이게 뭐지?' 하면서 펼쳤는데, 편지 안에 복음을 설명하는 이야기가 잔뜩 써 있었어요. 안 그래도 최근에 그 편지를 다시 찾아봤거든요. 다시 읽어 봐도 너무 어렵더라고요. 어려운 성경 말씀과 자기 생각을 잔뜩 썼지만, 그때 딱 하나 이해가 됐던 건, 이 친구도 정말 열심히 공부하는 친군데 이렇게 두세 시간 동안 편지를 쓸 정도면, '아, 이게 내가 쉽게 무시할 이야기는 아니겠다. 한번 진지하게 고민해 볼까?'라고 생각했던 것 같습니다.

와닿진 않았지만, 이게 뭔가 좀 중요하구나, 이런 생각을 했군요.

네. 맞습니다.

장문의 편지를 받은 것이 중요하고 결정적 계기였네요. 그러면 그 편지를 받기 전에 경택 형제의 마음 상태는 어땠는지, 이런저런 회의도 있었던 것 같은데요. 그때를 한번 읽어 볼까요?

"1년이라는 힘든 본과 생활을 보내고 겨울 방학이 되었습니다. 계속되는 공부와 시험으로 앞만 바라보고 온 제 모습이 너무 지친 듯이 남아 있었습니다. 그제야 저는 저 자신의 의지에 대해 조금 의문이 들기 시작했습니다. '과연 내가 원하는 삶을 살 수 있을까? 이렇게 매일 일상에 치여 살다가는 그냥 의사 되고, 그냥 결혼하고, 그냥 돈 벌다가, 그냥 죽는 삶을 살지 않을까?' 조금 두려웠습니다. 그리고 이제는 더 이상 '나중에 하면 되겠지'라는 생각이 안 먹힌다는 걸 느꼈습니다. 하나님은 잘 몰랐지만, 왠지 모르게 내가 가지고 있는 이 모든 것이 나로부터 다 나온 것 같지는 않고, 너무 많이 받은 것 같아 베풀며 살아야겠는데 내 의지로는 절대로 안 될 것 같고, 그냥 이렇게 살다가는 더 가지려는 욕심에 눈을 부릅뜨며 살다가 허무하게 죽지 않을까, 하는 두려움이 와닿았습니다."

굉장히 중요한 성찰입니다. '그냥!' 그냥이란 말을 여러 번 하고 있죠. 그냥 의사 되고, 그냥 결혼하고, 그냥 돈 벌다가, 그냥 죽는 삶. 그냥 이렇게 그냥, 그냥 살아도 되나? 이런 생각을 하고 있던 시기에 편지를 받은 거네요. 편지를 받고는 IVF라는 선교단체 수련회에 갔어요. 수련회에 갔다는 것은 거의 호랑이 굴로 들어갔다는 이야긴데, 갑자기 호랑이 굴로 들어간 이유가 뭡니까?

세례 고백문 내용처럼 제가 삶에 대해 고민하고 있을 때, 그 친구의 편지가 중요한 자극이 됐어요. 그래서 기독교에 대해서도 '아, 이거를 한번 제대로 알아봐? 말아?' 이런 고민을 하고 있었는데, 그 친구가 밥을 먹자고 하면서 수련회 이야기를 꺼냈어요. 저는 수련회가 어떤 건지도 몰랐고, 그냥 가서 말씀 듣고 기도하는 거라고만 생각했어요. '내가 더 이상 이걸 피할 수는 없겠다. 평생 따라다닐 것 같다'라는 생각이 들어서, 그러면

그냥 의사 되고, 그냥 결혼하고,
그냥 돈 벌다가, 그냥 죽는 삶.
그냥 이렇게 그냥, 그냥
살아도 되나?

'가서 제대로 한번 알아보자. 거부를 해도 알고 거부를 해야지, 비겁하게 도망가면 안 되겠다'라고 생각했어요. '나도 지금까지 살아온 내 생각이 있으니까 진짜 호랑이 굴로 들어가서 말씀을 들어보고, 그래서 내가 흔들릴 정도면 그게 맞는 것일 수도 있지 않을까.' 하지만 설득이 안 될 자신이 있어서 한번 가보자는 생각으로 갔어요.

자신만만했군요. 호랑이 굴에 들어가서 한번 보자, 아니면 뭐 관두고. 이런 자신감을 가지고 갔는데, 가서 잡아먹힌 건가요?
(쑥스럽게) 맞습니다.

수련회 가서 무슨 일이 있었나요?
수련회가 일주일간 열렸는데, 저는 수요일 점심에 들어갔어요. 그때 신기했던 게 수요일 저녁 집회 말씀이 디모데후서 3장이었어요. 아직도 그 말씀이 기억나는데, '말세에 때가 이렇다. 사람들이 자기만을 사랑하고 돈을 사랑하며 뽐내며 교만하며' 이런 내용으로 설교를 하셨어요.
 예배가 끝나고 사람들이 저한테 와서 "경택아, 예배가 항상 이런 건 아니야. 설교가 너무 어려웠지?" 하면서 위로했는데, 제게 그 말씀은 제 존재를 흔드는 말씀이었어요. 제가 딱 그런 모습이었거든요. 정말 나를 사랑하고 교만하고, 잘난 줄 알고 살았는데 '아, 이런 게 말세 때 모습이라는 거구나. 이런 모습이 원래 우리 모습이 아닌 거구나' 하는 생각이 들었어요. 그러면서 이 사람들은 매번 이런 말씀을 듣고 있나, 하는 부러움도 생겼고요. 그때 제 마음이 많이 열렸던 것 같습니다.

'그래, 호랑이 굴로 들어가서 제대로 한번 알아보자' 하고 들어갔다가, 거기서 자기 상태를 제대로 진단하는 말씀을 듣고 큰 충격을 받았군요.
네, 충격으로 다가왔어요.

그 뒤로 무슨 일이 있었나요?
제가 참석했던 수련회 2박 3일 동안 몇몇 사람이 책을 선물해 줬어요. 그중에 존 스토트의 『나는 왜 그리스도인이 되었는가』를 구석에 앉아서 읽는데, 초반에 '천국의 사냥개'라는 표현이 나왔어요. 그때 들었던 생각이 '아, 내가 내 의지로 열심히 살았다고 생각했었는데, 그 순간순간마다 나라는 사람을 예수님이 지켜보고 계셨고, 지금까지 인도하셨고, 여기까지 찾아오셔서 집요하게 내 마음의 문을 두드리시는구나. 지금 내가 이 사냥개에게 물렸구나. 도망갈 수 없겠구나'였어요. 그래서 '이 고민을 더 이상 힘들게 붙잡지 말자. 한번 하나님께 항복하는 것도 그렇게 부끄럽거나 약한 모습은 아니겠다'라고 생각하고, 금요일 밤에 혼자 예배실로 가서 예수님을 받아들이는 기도를 했어요. 당연히 무슨 찌릿한 감정은 없었지만, 그때 이후로 결단하고 신앙생활을 시작했던 것 같습니다.

그리스도인이 된 사람들은 거의 다 똑같이 고백합니다. 하나님이 집요하게 나를 쫓아오고 계셨다. 어느 날 갑자기 오신 게 아니라 옛날부터 계속 그랬다. 그래서 존 스토트는 그 하나님을 '천국의 사냥개'라고 불렀는데, 그때 천국의 사냥개한테 제대로 물렸군요. 금요일 밤에 예배실로 가서 혼자 결단했다는 점도 매우 인상적이네요. 무리 속에서 흥분한 상태로 결단한 것이 아니라, 혼자 조용히 기도하면서 예수님을 받아들이겠다고 결단했어요. 그 뒤로 신앙이 바로 확고해졌나요? 경택 형제는 한 번 믿으면 쭉 가는 스타일인가요?

그렇지는 않았고요. 저는 머리가 동의하면 열심히 하지만 감정적인 면은 약한 편이에요. 그래도 제가 잘 했던 것은 주일 예배에 빠지지 않는 거였어요.

그거 쉽지 않은데. 의대를 다니면서 주일에 안 빠진다는 게.

제가 처음에 믿었던 하나님은 조금 무서운 분이어서 '잘 믿어야겠다, 주일에 빠지면 안 되겠다'라고 생각해서 의지를 다지고 신앙생활을 시작했습니다.

부모님은 알았어요?

처음 2년 동안은 부모님도 잘 모르셨어요. 제가 기숙사에 있었으니까 그냥 공부만 하는 줄 아셨을 겁니다.

어쨌든 꾸준히 교회에 나갔군요.

처음에는 저를 전도한 친구가 속한 교회에 나갔어요. 그러다가 많은 분이 나들목교회라고 있는데 경택이는 그 교회가 더 어울릴 것 같다고 추천하셔서, 그해 4월에 나들목교회로 갔습니다. 처음 나들목교회에 갔을 때의 예배 시리즈가 아직도 기억에 남아요. 가족에 관한 말씀 시리즈였거든요. 설교 제목이 어머니, 아버지, 배우자, 뭐 이렇게 이어졌어요. 특히 아버지에 관한 설교는 예배 드리는 사람 절반 정도가 막 울면서 들었던 기억이 납니다. '아, 설교라는 것이 단순히 성경만이 아니라 삶 전체를 아우르는 말씀이구나' 하는 생각이 들면서, 교회를 꾸준히 다니고 하나님을 알아가는 것이 정말 값진 일일 수 있겠다는 기대가 생겼죠.

의학을 공부했기 때문에 아무래도 합리적인 사고를 추구했을 텐데, 성경 이야기가 합리적으로 잘 이해가 되었나요?

그렇지는 않았던 것 같습니다. 제가 머리형이다 보니까 머리로 이해하고 싶은데 어떤 부분은 설명이 잘 안 되기도 했어요. 그런데 시간이 좀 지나고 저도 여러 책을 보고 연구하면서, '아, 합리적으로 다 이해할 수가 없구나' 하고 받아들였던 것 같아요. 믿음이라는 것은 머리로 다 이해돼야만 믿는 게 아니고, 이해되지 않는 부분이 있을 수 있구나, 내가 믿기로 결단했을 때 하나님이 부어주시는 은혜가 더 클 수도 있겠다는 생각이 들었어요. 그래서 100% 확신이 있었던 건 아니었지만 '세례를 받아도 되겠다'라는 생각을 하고 세례를 받았습니다.

기독교의 진리도, 세상도, 우리가 다 이해할 수 없죠. 그런데 어느 부분부터는 '다 이해할 수 없다'라는 점을 이해하는 것이 굉장히 중요합니다. 그것도 이해 가운데 하나입니다. 나에게 완전한 변화가 일어난 건 아니지만, 난 이 길로 계속 가겠다고 결정하고 세례를 받았군요.

(청중에게) 세례식 때마다 저희는 세례자가 쓴 고백문을 제가 먼저 쭉 읽고요. 그 고백문을 요약해서 세례를 받을 때 세례자 사진과 같이 보여줍니다. 경택 형제, 세례식 때 요약했던 고백문 내용을 한번 읽어 주시겠어요?

"제 자신의 의지와 노력으로 의대에 들어갔지만 다른 사람을 위한 삶을 살겠다는 원래의 꿈과는 매우 멀어져 갔습니다. 공부의 목적도 잃고 매진하던 중에 친구의 설명으로 처음으로 '나도 죄인이겠구나'라는 생각을 했습니다. 그리고 IVF 수련회를 통해 하나님을 나의 주인으로 모시기로 결단했습니다. 그러나 믿음에 대한 혼동과 두 가지 가치 사이에서 혼란스러운 시기를 보냈습니다. 이제 주님께 돌아온 탕아로서 하나님이 보여주시는 비전을 따라 사는 삶을 살아가겠습니다. 주님을 향해 똑바로 나아가겠습니다."

네. 세례를 줄 때 저도 기억나요. 세례를 주려고 경택 형제 머리에 손을 얹었는데, 머리에 왁스를 발라서 머리가 딱딱하더라고요. 푹신하지 않고. (웃음) 예수님을 영접한 다음에는 어떤 변화가 있었나요? 그 내용을 한번 읽어 볼까요?

사실 지금도 하루하루 조금은 두려운 마음으로 살아가고 있습니다. '앞으로도 잘할 수 있을까? 내가 진짜로 잘하는 건가?'라는 두려움이 너무 많아요. 제가 하나님을 몰랐다면 지금 이렇게 살 수 없었을 것 같아요. 앞으로 거창한 꿈이 있는 건 아닌데요. 한 가지를 꼽자면, 그리스도를 닮아가는 사람이 되고 싶습니다. 내가 일하는 영역에서 더욱 그런 사람이 되고 싶습니다.

"이제 모든 것을 나 중심으로 바라보던 사고에서 조금은 벗어났다는 점입니다. 사람들을 내 가치 기준으로 판단하고, 심지어는 별로 의미 없는 사람들이라고 단정 짓기도 했던 아주 교만한 모습에서 벗어나, 정말 나만큼 사랑하시는 주님의 아들딸들이라는 생각으로 다른 사람들을 새롭게 보기 시작했습니다. 그러면서 좀 더 나 자신을 객관적으로 바라보는 기회가 주어졌고, 저의 죄성을 알아가며 때로는 놀라기도 하고, 때로는 이런 저를 사랑해 주시는 하나님께 감사하기도 합니다. 이제 제 인생의 목표는 거창하게 다른 사람을 위해 봉사하는 삶이 아닙니다. 하나님께서 제게 보여주시는 비전을 따라 사는 삶입니다. 그러기 위해서는 이런 비전을 볼 수 있도록 더욱더 하나님을 알아가고 기도해야겠다는 생각이 듭니다. 또한 예전에는 받아들이기 힘들었던, 오직 하나님만을 믿고 따르는 삶을 살아야겠다는 생각을 마음속에 갖게 됩니다."

인생의 목표가 거창하게 다른 사람을 위해 봉사하는 삶, 가치 있는 삶이 아니라, 하나님께서 보여주시는 비전을 따라 사는 삶으로 바뀌었다. 정말 이전하고 많이 달라졌네요. 그런데 몸에 밴 모범생 기질이 신앙생활 하는 데 도움이 되었나요? 아니면 오히려 장애가 되었나요?

열심히 해야 한다는 자세가 몸에 배서, 말씀드린 대로 주일 예배도 안 빠지고, IVF 활동도 열심히 하고, 세례 이후에는 청년부도 들어갔어요. 그리고 공부에 대한 욕심도 있으니까 막 열심히 살다가—

언제나 여러 가지를 열심히 하는군요.

맞습니다. (웃음) 그러다 보니까 하나님과 인격적 관계를 맺기보다 종교적 형식만 채우고 있음을 깨달았고, 당연히 몸이 두 개가 아니니까, 어느 순간에 와르르 무너졌습니다. 공동체에서 제 이야기를 나눌 때, '아, 정말 더 이상 못 하겠다'라면서 울었어요. 저라는 사람한테는 그런 게 큰 패배감이거든요. 난 다 할 수 있는 줄 알았는데… 그때 가정교회 식구들이 '하나님은 그런 걸 다 지킨다고 너를 사랑하시는 게 아니다. 좀 더 자유해도 괜찮다'라면서 저를 위로해 줬어요. '아, 내 안에 하나님에 대한 오해가 있었고, 이런 나의 선입견을 내려놔야 내가 좀 더 자유할 수 있구나'라는 것을 그때 깨달았죠.

이 성찰이 굉장히 중요합니다. 어떤 기준을 정해놓고 열심히 하는 분들이 하나님을 믿으면 빨리 성장할 것 같아도, 잘못하면 외적인 것만 갖추고 내적인 것은 허술할 수가 있어요. 경택 형제에게는 오히려 한 번 와르르 무너지는 경험이 영적 성장에 큰 도움이 되었고, 내적 성찰에도 아주 좋은 계기가 되었던 것 같아요. 세례 고백문을 보니까, 그때 소망에 관해 이렇게 적었더라고요. 그걸 보면서 제가 약간 소름이 끼쳤는데, 한번 읽어 주실까요?

"앞으로 그리스도인이라는 이름이 부끄럽지 않도록 성령님의 인도하심을 따라 아주 느린 걸음이라도 주님을 향해 똑바로 나아갈 수 있기를 원합

'내가 내 의지로
열심히 살았다고 생각했었는데
예수님이 지켜보고 계셨고,
여기까지 찾아오셔서 집요하게
내 마음의 문을 두드리시는구나.
지금 내가 이 사냥개에게 물렸구나.
도망갈 수 없겠구나.'

니다. 간혹 잘못된 방향으로 가더라도 주님을 향한 방향만은 잊지 않고, 다시 고칠 수 있는 눈과 귀와 결단력을 주실 줄을 믿습니다. 그리고 결국엔 제가 가장 필요하고 가치 있는 그 자리에서 온전히 하나님의 쓰임 받는 일꾼으로 잘 살아가리라 믿습니다."

스크린에 국내외 어린이를 진료하는 그의 모습. 병원에서. 외국 의료 봉사 현장에서 아이들을 진료하는 얼굴에 생기가 넘친다.

네, 머리에 왁스를 바르고 세례를 받으면서 '결국엔 가장 필요하고 가치 있는 그 자리에서 온전히 하나님의 쓰임 받는 일꾼으로 잘 살아가리라 믿습니다'라고 고백한 뒤에 16년이 지났어요. 그 16년을 돌아보면서 많은 생각이 들었을 것 같은데요. 옆에서 듣고 있는 저도 감동이 오는데 본인은 아마 더 그럴 것 같고요. 지금 함께 가정교회 목자를 하는 아내분도 감회가 새롭지 않을까 싶습니다. 16년 전에 이런 꿈을 꾸고, 결국 지금은 소아혈액종양전문의가 됐는데, 앞으로의 꿈은 무엇이고 여전히 어떤 과제가 있을까요?

인터뷰 설교를 준비하면서 지난 시간을 돌아보니, 하나님께서 저를 위해 일하셨음을 많이 느꼈습니다. 사실 지금도 하루하루 조금은 두려운 마음으로 살아가고 있습니다. '앞으로도 잘할 수 있을까? 내가 진짜로 잘하는 건가?'라는 두려움이 너무 많아요. 제가 하나님을 몰랐다면 지금 이렇게 살 수 없었을 것 같아요. 앞으로 거창한 꿈이 있는 건 아닌데요. 한 가지를 꼽자면, 그리스도를 닮아가는 사람이 되고 싶습니다. 내가 일하는 영역에서 더욱 그런 사람이 되고 싶습니다. 그러기 위해서 저와 늘 함께하는 가족과 교회 공동체는 정말 소중합니다.

처음에는 공동체를 왜 하는지도 몰랐고, '나도 바쁜데 뭐' 이런 마음이었지만, 그냥 믿고 기다려준 용두푸른가정교회*에 고마운 마음을 전합니다. 제가 가정교회에 가서 잠만 자고 온 적도 많거든요. 파라과이에 2년 반 정도 갔다 올 기회가 있었는데, 그때 '공동체가 나에게 정말 중요한 거였구나. 덕분에 내가 매일 하나님을 잊지 않고 결단하면서 살아갈 수 있었구나!' 하고 생각했어요. 지금 우리 부부와 함께 하고 있는 청계늘푸른가정교회도 제게 너무 소중합니다. 제가 이렇게 예배 때 나와서 이야기해놓고 갑자기 또 무너지면 너무 부끄럽지 않을까, 하고 고민을 했는데요. 하지만 용감하게 나올 수 있었던 것은 지금까지도 제가 한 게 아니라 하나님께서 인도하셨기 때문입니다. 앞으로도 버거울 수 있고 자신 없는 부분도 많지만, 하나님이 주시는 힘으로 용감하고 담대하게 살아가고자 합니다.

응원하는 마음으로 박수를 보내줄까요? (청중의 박수)

감사합니다. 홍경택 형제 나이가 마흔이에요. 지금 소아혈액종양전문의로서 굉장히 중요한 위치에 있고 또 부담이 크다고 해요. 같은 병원에 있는 의사나 선배들이 '이 분야는 네가 끌고 나가야 된다'라며 자꾸 부담을 주기도 하고요. 자기는 아이들을 더 많이 보고 싶은데 자꾸 학회 쪽에 일

---

* 홍경택이 처음 속했던 가정교회. 가정교회는 성도 십여 명이 일주일에 한 번 모여서 식사하고 교제하고 예배하는 교회 공동체이다.

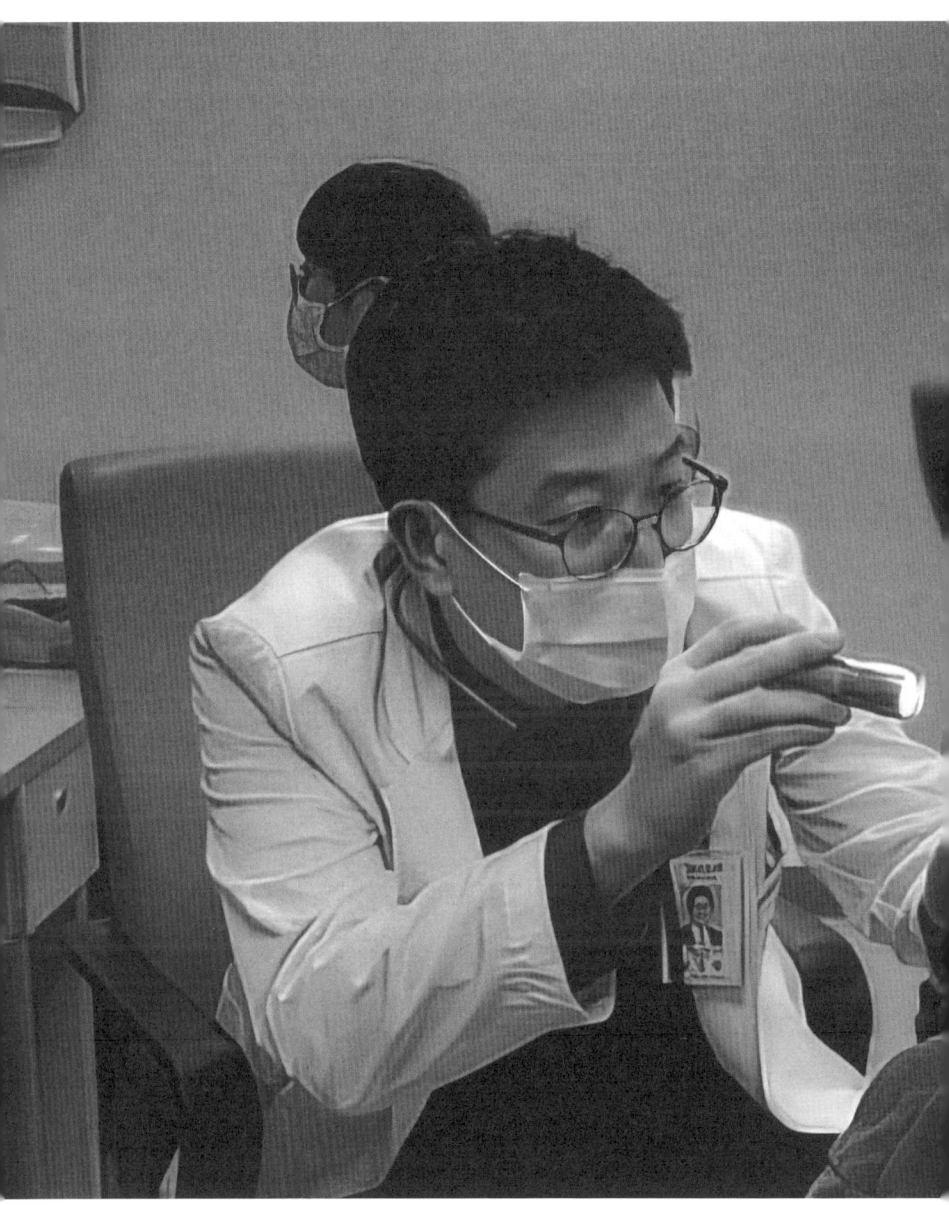

이 많아져서 어려운 마음도 있다고 해요. 그렇지만 이 길을 잘 따라갔으면 좋겠다고 이야기합니다. 지난 16년 동안 경택 형제와 동행하셨던 하나님이 앞으로는 어떻게 인도하실까 하는 기대가 생깁니다. 홍경택 형제를 이끌어 오신 하나님에게, 또 잘 따라온 경택 형제에게 한 번 더 감사의 마음을 전할까요?

한국 사람은 전반적으로 모범생입니다. 근면하고 열심히 사는 습관이 몸에 배어 있습니다. 그런 면에서 장점이 많습니다. 하지만 모범생 스타일의 '찾는이*'가 꼭 넘어야 할 산이 있는데, 그중 하나가 '나는 안전하고, 스스로 경쟁력이 있다'라는 생각입니다.

한국은 학력 사회여서 모범생이 공부를 잘해서 좋은 학교에 들어가면 주류사회에 포함됐다고 생각합니다. 좀 전에 경택 형제도 말했죠. 달동네에 살 때는 마이너였는데 메이저로 갔다고요. 이때 큰 안정감을 느낍니다. 그리고 한국 사회는 경쟁 사회여서 경쟁을 통해서 상위 그룹에 속한다고 생각하고, 그 자리에 가면 스스로 경쟁력이 있다고 여깁니다. '나는 안전하고 경쟁력 있다!' 물론 어떤 사람들은 본인 노력이 아니라 주변 환경이 받쳐줘서 주류에 포함되지만, 어쨌든 그 그룹에 속한 사람들은 안정감을 느끼고 자신이 꽤 괜찮다고 생각해요. 그래서 자신의 한계와 민낯을 잘 보지 못합니다. 경쟁사회에서 살아남았기 때문에 자신감이 있는 거죠.

경택 형제도 하나님을 믿기 전에 자신감이 있었다고 말합니다. 이들은 하나님을 믿기가 어렵습니다. 왜냐하면 하나님 없이도 경쟁해서 안정권 안에 들었고, 상위 그룹에 속했고, 나름 윤택하게 잘살 수 있기 때문입니다. '뭐, 이만하면 됐지' 하며 충분히 재밌게 살 수 있습니다. 어차피 경쟁사회이므로 자신에게 특별한 문제가 있다고 생각하지 않습니다. 도리어 열심히 살지 않는 사람들을 비판하죠. "저 사람은 열심히 안 해서 그래! 똑바로 했으면 저렇게 안 돼!" 자신이 노력해서 성공했으므로 이런 판단

---

* 나들목네트워크에서는 '진리를 찾는 구도자'라는 의미로 사용한다.

이 자연스럽습니다.

이들은 자기를 성찰하기가 어렵습니다. 자기 성찰은 자신을 있는 그대로 보는 것입니다. 그런데 모범생들은 스스로 괜찮은 사람이라고 여겨서 냉철한 자기 성찰이 어렵습니다. 하나님은 이런 사람들에게도 찾아가십니다. 오히려 하나님은 평범한 사람들, 규칙을 따라서 열심히 사는 사람들을 찾아가세요. 이런 사람들, 경택 형제같이 자신감 넘치는 사람들 이야기를 담고 있는 성경 구절을 찾다가 잠언 14장 16절이 생각났어요.

> 지혜 있는 사람은 두려워할 줄 알아서 악을 피하지만 미련한 사람은 자신만만해서 조심할 줄을 모른다. (새번역)

여기서 두려워한다는 말은 일반적 두려움이 아닙니다. 하나님을 두려워하고 경외한다는 뜻입니다. 그래서 하나님을 경외하는 사람은 악을 멀리하고 피합니다. 그런데 악이 뭘까요? 성경은 자기가 중심이 되어 살아가는 모든 행위, 하나님을 무시하는 모든 행동이라고 합니다. 그로 인해 도덕적 타락과 여러 윤리적 문제가 파생합니다. 따라서 근본적 악은 우주와 인생의 주인인 하나님을 무시하고, 심지어 적극적으로 제거하고 자기 마음대로 사는 것입니다. 지혜로운 사람은 하나님을 경외하여 그 악을 피합니다. 반대로 미련한 사람은 자신만만해서 조심할 줄 모릅니다. "내 인생 내가 알아서 해. 내가 열심히 노력한 덕에 지금 이렇게 사는 거야. 난 신 같은 것에 절대 기대지 않아"라고 합니다. 이런 자세가 멋있어 보여도, 우주와 인생의 주인이 하나님이라면 문제가 심각해집니다. 성경은 그런 식으로 자신만만한 사람을 미련한 사람이라고 합니다.

하나님은 이런 사람에게 어떻게 찾아가실까요? 삶의 어느 순간에 자신의 실존과 한계를 보게 하시고, 그곳으로 찾아가십니다. 처음에 홍경택 형제는 가치 있는 삶을 살고 싶다며 의대에 지원했습니다. 그런데 막상 학교 가서 열심히 공부하고 동아리 활동도 하다 보니까 처음 품었던 생각을 잊어 버렸죠. 그러다 마음속에 조금씩 '내가 이렇게 살려고 한 게 아닌데' 하는 질문이 쌓였습니다. 마침 그때 주변 친구를 통해 자기 실존과 한계를 볼 기회가 찾아왔습니다. 대다수 사람은 이런 질문이 생길 때 그냥 밀고 나갑니다. "에이, 그냥 그렇게 사는 거야! 그냥 그렇게 의사 되고, 그냥 그렇게 결혼하고, 그냥 그렇게 전문직으로 사는 거야" 하면서 밀고 갈 수 있습니다. 하지만 "내가 이렇게 사는 게 맞나?" 하는 질문이 생긴 것은 아주 중요한 신호입니다. 자기 성찰을 할 수 있는 좋은 기회입니다.

사람들은 "하나님을 좀 보여주세요. 보여주면 믿을게요. 하나님이 믿기지 않아요"라고 합니다. 하나님이 믿기지 않는 이유는 두 가지입니다. 자기가 누구인지 모르기 때문입니다. 자기가 꽤 괜찮은 사람이라서 하나님이 굳이 필요하지 않은 것입니다. 또 하나는 하나님에 관한 아주 기본적인 지식을 모르기 때문입니다. 듣지도 못했고 생각도 안 해 봐서 잘 모릅니다. 이 두 가지를 모른다는 사실이 만나야 하나님을 믿을 수 있습니다. '아, 나에게 한계가 있구나. 내 삶에 문제가 있구나. 이러다가 별 가치 없이 살겠구나. 이렇게 계속 살면 안 되겠구나' 하면서 자기를 성찰할 때, 그때 비로소 자신을 찾아오시는 하나님에게 눈이 열립니다. 그 하나님에게 반응하는 것이 회심입니다. 그래서 홍경택 의사는 하나님을 받아들이고 홍경택 형제가 된 것입니다.

그런데 모범생들은 신앙생활도 공부하듯이 열심히 해요. 경택 형제도 그랬어요. 의대 공부가 잠자는 시간까지 쪼개 쓸 정도로 많은 시간이 필요한데, 주일예배를 빠지지 않았습니다. 모범생 기질에서 나온 거죠. '한번 하면 똑바로 해야 한다'라는 생각은 본인을 성장하게 만듭니다. 또 삶의 목적을 찾았다고 생각하면 계속 붙들고 가기 때문에 그 목적이 점점 선명해집니다. 경택 형제도 하나님을 받아들이고 가치 있는 삶을 살겠다고 한 다음에, 소아과 의사가 되고, 혈액종양전문의가 되고, 점점 인생의 목적이 구체화 되고 있습니다. 이런 면에서 모범생들은 신앙을 배우고 훈련하는 데도 강점을 보입니다.

반면에 약점도 있습니다. 하나님을 따르는 일도 자기 능력으로 할 수 있다고 생각합니다. 열심히 노력하면 신앙도 성장한다고 생각해요. '내가 열심히 안 해서 그렇지, 언제든 열심히 하면 돼'라며 자기 능력을 과신하는 경향을 보입니다. 경택 형제도 신앙생활 초기에 다 할 수 있다는 생각에 너무 많은 일을 이것저것 다 합니다. 그러다가 어느 순간에 무너집니다. '아, 내 마음대로 다 못하는구나!' 하며 자기 한계를 발견하죠. 사람들 앞에서 울었다고 했는데, 아마 인생에서 몇 번 안 되는 경험이었을 거예요. 모범생들의 약점이자 넘어야 할 장애물은 '내 능력으로 신앙생활을 잘 할 수 있고, 하나님을 잘 따를 수 있다는 착각'입니다. 그러면 하나님을 인격적으로 의존하고 그분과 더불어 사는 삶을 배우기 어렵습니다. 신앙이 특정 수준까지는 빠르게 성장해도 어느 순간 딱 멈춥니다. 자기 의지와 노력만으로 신앙을 유지하면 변화도 없고 성장도 멈출 위험이 있습니다. 더 큰 위험은 이들이 모든 것을 과업으로 본다는 점입니다. 하나님과의 관계도 과업으로 여길 수 있습니다. 그러면 인격적 관계가 깊어지지 않습니다. 하나님과 인격적 관계를 깊이 맺으며 친밀함을 누리며 배우는 면이 약합니다. 신앙생활은 노력하는 것이 아니라 하나님과 인격적 관계를 깊이 맺으며 그 안으로 들어가는 것입니다. 그리스도인을 묘사하는 말 중에 가장 아름다운 표현이 베드로전서 1장 8절에 있습니다.

여러분은 그리스도를 본 일이 없으면서도 사랑하며 지금 그를 보지 못하면서도 믿으며 말로 다 표현할 수 없는 즐거움과 영광을 누리면서 기뻐하고 있습니다. (이후 새번역)

베드로 사도는 예수를 보았고, 그와 함께 살았고, 심지어 그가 죽는 현장에서 도망쳤고, 부활한 후에 다시 만났습니다. 그래서 예수를 사랑하지 않을 도리가 없었습니다. 그런데 베드로 사도가 복음을 전한 사람들은 달랐습니다. 예수를 본 적도 없는 사람들이었습니다. 지금 우리도 마찬가지입니다. 그런데 그들이 '보지 못하면서도 믿으며 말로 다 표현할 수 없는 즐거움과 영광을 누리면서 기뻐하고 있습니다'라는 이 말은 무슨 의미일까요? 하나님과의 관계를 말합니다. 인격적으로 그분을 사랑하고 즐거워

하고 누리는 것입니다.

자기 능력을 의존하는 사람일수록 하나님을 의존하는 면이 약합니다. 사람은 자기 힘이 다 빠지고 스스로 어떻게 할 수 없을 때, 하나님에게 전적으로 의지합니다. 우리는 신앙생활을 하다가도 바닥을 치는 경험을 합니다. '할 수 있는 게 아무것도 없구나. 완전히 실패해서 고꾸라졌구나. 사람들한테 웃음거리가 되겠구나' 하는 생각이 절로 드는 때가 있습니다. 그때야말로 하나님을 의지할 때입니다. 그때 우리를 붙드시는 그분의 마음을 알게 되고 그분의 위로를 받습니다. 이런 경험이 쌓이면 인생의 바닥이 아닌 일상에서도 하나님을 의지하고 동행하는 법을 알게 됩니다.

바닥까지 가보지 않은 사람, 특히 모범생들은 하나님을 의지하기보다는 일단 자기 능력을 의존합니다. 자신의 성실과 의지에 기댑니다. 하지만 그것들이 깨지는 순간이 옵니다. 그 무력감 속에서 하나님을 찾게 되고, 늘 내밀고 계셨던 하나님의 손을 발견하고는 붙잡습니다. 그래서 성경 속 많은 인물이 "내가 당하는 고난이 오히려 내게 유익하다"라는 역설을 주장합니다. 고난을 통해 하나님의 깊은 사랑을 경험하기 때문입니다.

모범생들은 하나님은 물론이고 다른 사람에게도 손을 잘 벌리지 않습니다. 그런 일을 대체로 꺼립니다. 그래서 공동체에 의존하는 면도 약합니다. 하지만 경택 형제가 이야기했듯이 그가 눈물을 쏟은 곳은 가정교회였습니다. 경택 형제가 예전 가정교회 목자 부부에게 이렇게 말했다고 합니다. "제가 다른 건 안 해도 이 공동체에 꼭 붙어 있겠습니다." 그렇게 말하고는 가정교회로 모였을 때 졸거나 심지어 곯아떨어져 잤대요. 의사 생활이 얼마나 바쁘고 고된가요. 그런데도 지금 가정교회 목자까지 하는 이유는 공동체의 가치를 잘 알기 때문입니다. '나 혼자 잘 할 수 있는데 공동체가 필요할까?' 하는 생각이 모범생들의 장애물인데, 경택 형제는 그 산을 잘 넘고 공동체의 유익을 현재 잘 누리고 있습니다.

  자기 능력과 의지로 경쟁사회에서 좋은 곳을 차지하며 잘 사는 이들, 다른 도움은 필요 없다고 말하는 그들을 하나님은 찾아가십니다. 천국의 사냥개처럼 성실하게 계속 문을 두드리십니다. 그들이 자신을 돌아보고 자기 밖으로 나오는 순간을 기다리십니다. 혹시 모범생이신가요? 모범생은 알 수 없는 세상으로 당신을 이끄시는 하나님을 지금 만나고 누리시기를 진심으로 소망합니다.

하나님의
유치장에
간히다

김현일 2001년 12월 9일 세례(나들목교회), 바하밥집 대표, 사단법인 푸른고래 리커버리센터 설립자, 리커버리 야구단장, 작은이들의교회 운영위원장, 보문브룩스가정교회 목자, 두 딸에게 친구 같은 아빠이자 아내를 지지하고 동역하는 남편, 저서 『바하밥집』(죠이북스).

허무를 즐겼다

김현일 형제를 소개합니다. 이분은 제게 매우 특별한 사람입니다. 미국에 공부하러 갔다가 한국에 돌아와 나들목교회를 시작했을 때, 복음을 모르는 많은 분이 교회로 찾아왔어요. 다른 교회를 다니다가 오신 분 중에도 복음을 제대로 알지 못한 경우가 많아서, 그분들에게 정말 열심히 예수님을 소개했습니다. 그런데요, 이렇게 교회를 찾아온 사람들에게 복음을 전한 경우 말고, 제가 한국에 온 뒤에 직접 복음을 전했던 1호가 바로 김현일 형제 부부입니다. 그러니까 이분들은 제게 매우 특별한 사람이죠. 김현일 형제를 무대 위로 초대합니다.

앉으세요. 반갑습니다.
안녕하세요? 김현일입니다.

오늘은 무척 깔끔하게 옷을 입고 왔어요. 아, 현일 형제를 처음 만났을 때, 그때 사진을 찍어놨어야 했는데… 그때 이미지가 정말 강렬했죠.

그랬나요?

신문보급소 소장이었을 때였는데, 이상한 러닝셔츠 바람에 스쿠터를 타고 (입에 담배를 무는 시늉) 담배는 이렇게 물고 있었죠?

아, 네. (웃음)

이쪽 어깨에는 해병대 문신으로 몸이 좀 복잡했어요. (청중에게) 그 당시 저는 이분이 하나님을 만나게 될 거라곤 진짜 생각도 못 했어요.

저도요.

그런데 2001년 12월 9일에 현일 형제가 세례를 받았어요. 그때 현일 형제가 썼던 세례 고백문을 찾아봤어요. 그 일부를 읽어 볼까요?

"내 삶의 많은 시간을 중심도 없이 살았습니다. 시류의 흐름에 따라 인간관계의 이익에만 매달린 채, 나 자신과 내 가족만을 위한 삶이 전부인 양 그렇게 살았습니다. 하지만 가슴속 한가운데서는 '삶이 이런 것이 아닌데' 하는 회의 때문에 고민에 빠져 헤맸던 적이 많았습니다. 무엇인지 알 수 없지만 내 가슴을 짓누르는 삶의 압박감에 방황과 여행 등으로 해답을 얻으려고 했습니다. 그러나 여전히 삶과 죽음의 허무에서 벗어나지 못했습니다. 잘 일구어놓은 일상의 밭을 한순간에 망가뜨려 놓은 적이 한두 번

이 아니었습니다."

굉장히 정제해서 글을 썼어요. 사실은 10대, 20대 시절의 매우 거친 이야기들인데요.
네. 세례 고백문은 그렇게 써야 하는 줄 알고요.

예수님 믿기 전의 이야기 같은데 그때 이야기를 구체적으로 해 줄래요?
사람들은 잘 믿지 않지만, 제가 허무주의자예요. 어릴 적에 죽음을 여러 번 목격했어요. 이모가 집에서 죽어 있는 거, 어떤 아이가 트럭에 치여서 즉사하는 거. 그 가운데 가장 강렬했던 것은 저보다 열다섯 살 많은 큰 형님이 계셨는데, 형의 마지막 죽음을 저 혼자 목도한 거였어요. 그러다 보니 진짜 사는 게 아무것도 아니구나, 허무한 거구나, 하면서 제 안에 어떤 힘이 외부로 발산됐어요. 다른 사람 못살게 굴고, 때리고. 그 힘이 내부로 향했다면 아마도 저에게 해코지했겠죠. 지금 제 덩치가 중학교 2학년 때 덩치거든요. 그때 유도도 하고 복싱도 하고요.

무대 위 스크린에 김현일의 20대 초반 사진이 보인다. 몸은 단단한데 얼굴은 다소 거칠고 어둡다.

언제 적 사진이에요?
하나는 군에 있을 때고, 하나는 스물다섯 살이요.

내 삶의 많은 시간을
중심도 없이 살았습니다
하지만 가슴속 한가운데서는
'삶이 이런 것이 아닌데' 하는
회의 때문에 고민에 빠져
헤맸던 적이 많았습니다.

어쨌든 길에서 만나면 피해야 할 사람이었군요.

네. 5공화국 들어서기 바로 직전에 깡패들이 삼청교육대로 많이 잡혀가서, 학생들 중에 힘 좀 있는 애들을 조직에서 관리했거든요. 그때 학교 선배들하고, 뭐 건달 비슷한 생활도 좀 해 봤죠. 그런데 그렇게 살면서도 이건 아닌데, 이건 아닌데, 하는 생각이 계속 들었어요. 그래도 뭐 이게 무슨 고민인지도 모르고, 어떻게 살아야 하는 건지도 모르겠고, 누가 옆에서 이야기해 주는 사람도 없고. 그러다가 마음잡고 잘해 보려고 했는데, 허무함이 확 밀려오더라고요. 부질없다, 다 부질없다. 그냥 다 내팽개치고 도망치고 싶었죠.

그래서 외국까지 갔어요?

불법체류도 하고 밀항도 하고.

밀항도 했어요? 그 이야기는 처음 들어요.

잠깐 수배돼서 도망쳐야 했는데 우리나라는 삼면이 바다라 밀항밖에 없잖아요. 그래서 부산 통해 일본으로 갔죠. 거기서도 그냥 막 살면서, 나에게 뒤는 없다. 노빠꾸! 그 당시 제 인생의 좌우명이었어요.

빠꾸는 없다?

'인생 뭐 있냐? 막히고 걸리면 그냥 부수고 간다. 노빠꾸!' 그러고 살았죠. 근데 그때는 잘 몰랐는데, 철이 들고 나서 나중에 알았어요. 아, 내가 그때 허무해서 그랬던 거구나.

(청중에게) 허무는 사람이 가지고 있는 기본적인 감성입니다. 허무함을 느낄 때 어떤 사람은 내면이 침체해서 깊은 우울감을 경험하는 사람이 있고요. 어떤 사람은 허무함을 견디지 못해서 밖으로 에너지를 쏟는 사람이 있습니다. 현일 형제는 뒤를 돌아보지 않고, 닥치는 대로 앞만 보고 달리는 스타일인 거죠.

제가 술을 전혀 못 먹어요. 알코올 알레르기가 있거든요. 그래서 먹으면 숨도 잘 못 쉬는데, 나중에 생각해 보니까 그게 정말 하나님 은혜더라고요. 제가 만약에 미국에서 태어났으면 100% 마약을 했을 거예요. 술 안 먹고 이 정도 사고를 쳤는데, 술을 먹었으면 지금까지 살지도 못했을 거예요.

네. 참 다행이에요. 그런데 술은 안 했어도 오토바이는 막 몰았다면서요. 신주쿠 고속도로에서 두 손 벌리고 몇 킬로미터로 달렸어요?

그때가 하야부사 타고 다닐 때니까, 시속 200킬로미터는 거뜬히 넘었죠. 제가 약간 허세가 있어서요. 죽어도, 뭐 약 먹고 죽고 이렇게 죽고 싶진 않더라고요. 멋있게, 제임스 딘처럼 뭔가 좀 있어 보이게 죽고 싶더라고요.

바람 잔뜩 든 허무주의자? 그런데 허무주의자가 어떻게 결혼을 했어요?

사실 결혼은 생각도 못 했어요.

스크린에 결혼식 때 찍은 사진. 신사복과 하얀 웨딩드레스를 입은 젊은 커플이 다정하게 카메라를 응시한다.

와, 저 사진은 미녀와 야수인가요? (웃음)
사람들은 믿지 않겠지만, 아내가 저한테 "결혼할 거예요?" 하고 먼저 물어봤어요. 결혼할 당시에 제가 경찰 수배를 피해서 2년 정도 도망 다니고 있었거든요. 애초에 결혼이라는 건 생각조차 못 했어요. 그런데… 아이가 생겼어요.

그 와중에 할 건 다 했어.
결혼은 안 해도 애는 생기더라고요. 아내하고 제가 일곱 살 차이가 나요. 애가 생겼다는데 전처럼 또 도망갈 수가 없잖아요. 아내가 결혼하자고 해서 결혼했죠. 결혼하고 두 달 만에 딸이 태어났는데, 그때부터 인생을 보는 제 시각이 완전히 달라졌어요. 3킬로그램도 안 되는 아기를 손에 딱 받았는데. 태어나서 그런 느낌은 처음이었어요. 뭐라고 설명해야 할지 모르겠더라고요. 순간적으로, "아이 씨—"

청중의 웃음소리

네… 될 수 있으면 말을 가려서…….
아이 씨, 큰일 났다! 이 생각만 드는 거예요. 이걸 어떻게 키우지? 막 이런 생각이 들면서, 이제 어떡하지? 아이를 낳았으니 출생 신고를 해야 되잖아요. 출생 신고를 하려면, 혼인 신고를 해야 하고, 혼인 신고를 하려면, 주민등록을 살려야 하고, 그러면 자수를 해야 하는데.

그때 아내는 뭐라고 했나요?
제가 전에 아내한테 다 이야기했어요. 나 수배 중이다. 그랬는데 아내가 "그게 뭐 어때서?" 하고 결혼을 했거든요. 아내는 그때만 해도 너무 어려서 수배라는 뜻을 몰랐던 것 같아요.

잠깐만! 여기서 김옥란 자매에게 이야기를 좀 들어봅시다. (객석 앞쪽을 향해) 이런 기가 막힌 삶을 살고 있는 남자에게 왜 먼저 결혼하자고 이야기했어요?
김옥란 그때 제 나이가 스물넷, 스물다섯, 이랬어요. 뭘 잘 몰랐죠. 수배라는 말을 알긴 알았지만 수배된 사람이 저렇게 잘 돌아다닐 수 있나, 하고 사실대로 안 믿었어요.

뻥을 친다고 생각했군요.
김옥란 그랬던 것 같아요. 제가 어릴 때 아버지 없이 컸거든요. 그런데 저 사람이 가정이란 어떤 곳인지, 남편의 역할과 아내의 역할은 어때야 하는지 저에게 많이 이야기해 줬어요.

결혼 전에요?

김옥란 결혼 전부터 남편이 저의 결핍을 눈치챘던 것 같아요. 그래서 저한테는 남편이 편하게 기댈 수 있는 유일한 사람이었죠.

(김현일에게) 아니, 허무주의자가 어떻게?
저게 다 전문용어로 뻐꾸기라고 하는데요. 제가 이렇게 생겼어도 연애를 곧잘 했어요. 만나서 딱 보니까 그런 이야기를 좋아할 것 같아서 말로 꼬드긴 거죠.

네. 이게 다 지나간 이야기니까 지금 웃으면서 말하지만, 비극으로 끝났으면 웃을 수 없는 이야기죠. 아이가 생기면서 삶이 확 달라졌어요. 그래서 어떤 생각이 들었어요?
그때 제가 태어나서 처음으로 기도라는 걸 해 봤어요.

원래 교회를 좀 다녔어요?
아니요. 교회는 한 번도 다닌 적이 없었어요. 예수쟁이는 무조건 그냥 싫었어요.

그런데 다급하니까 기도를 했군요.
자수하고 3일 만에 경찰이 집으로 찾아왔어요. 부천 유치장으로 들어갔는데 아기 생각이 나더라고요. 재판을 받으면 장기 형량이 나올 것 같았어요. 아내는 아직 젊고 예뻐서 다시 결혼하면 되지만, 요놈은 어디를 가도 제 딸이잖아요. 유치장에서 처음으로 신에게 기도했어요. '이번 한 번만 잘 좀 어떻게 해서 풀어주시면 앞으로 진짜 사고 안 치고 인간답게 살겠습니다. 허무고 지랄이고 뭐든 다 떠나서 그냥 애만 바라보고 살겠습니다.' 그렇게 기도했어요.

매우 솔직한 기도였네요.
네, 그런데 제가 해병대를 나왔는데, 마침 저를 압송하러 온 형사가 해병대 선배였어요. 검사님도 해병대 법무관이었고요. 그분들이 제가 2년 넘게 도망 다닌 걸 잘했다고 했어요. 이 정권이 범죄와의 전쟁을 시작했을 때는 범죄 조직을 싹 잡아들여서 중형을 때렸는데, 도망가서 나중에 잡힌 애들은 정권의 관심에서 멀어지니까, 낮은 형량이나 기소유예로 풀려났다는 거예요. 저도 기소유예로 풀려났어요.

며칠 만에 나왔어요?
3일 만에요.

와!
있을 수가 없는 이야기예요. 저는 5년 정도 생각했었거든요. 이게 뭐지? 그리고 그냥 살았죠.

그 뒤에는 딸아이 키울 생각으로 열심히 일했겠네요.

제가 그렇게 책임감이 강한 사람인 줄 몰랐어요. 허무고 나발이고, 뭐 딴생각할 시간이 없더라고요. 당장 애 분윳값에 기저귓값을 벌어야 했고, 하루 벌어 하루 먹고살았죠. 그래서 새벽엔 신문 배달, 낮에는 퀵서비스, 밤에는 치킨 배달, 가스 배달, 뭐 이렇게요.

쓰리잡을 뛰었네요.

생활력은 되게 강한 편이었어요. 그래서 닥치는 대로 일했죠.

우리가 처음 봤을 때가 그때쯤인가요?

그렇게 산지 5-6년 지났을 때죠. 그런데 아무리 열심히 살아도 답이 안 나오더라고요. 현실적으로.

점점 지쳐갔겠네요.

제가 유서를 늘 갖고 다녔어요. 오토바이로 퀵서비스 할 때도 강남에서 제일 유명한 기사였거든요. 돈이 되려면 퀵서비스는 무조건 빨라야 했어요. 강남대로에서 종로1가까지 어느 회사로 테이프를 보내는 게 있었는데요, 그 거리를 15분 만에 달렸죠. 시내에서 신호 무시하고 중앙선 타고 140-150킬로미터로 달렸거든요. 그러다 죽을 수도 있겠다는 생각이 들어서 유서를 넣고 다녔어요. 만약에 사고가 나면 형체도 못 알아보고 그럴 수 있잖아요. 나는 누구고, 연락처는 어디고, 내가 죽으면 애들한테 보상

금이라도 받게 해 주려고요. 그냥 막 달리며 살았죠.

(한숨) 오케이! 오케이! 그 이야기는 그만해도 될 것 같아요. 그렇게 살다가 어떻게 하나님을 만났어요?

그렇게 살다가 가진 돈 조금 모아서 신문보급소 소장을 했어요. 그 전엔 직원으로 있던 보급소였는데, 시작하고 6개월 만에 IMF가 터져서 길거리에 나앉았죠. 그때가… 집사람이 둘째를 막 임신했을 때예요. 노숙 생활도 한 6-8개월 정도 했어요.

실제 노숙 생활을 8개월이나 했어요? 어디? 서울역에서 했어요?

용산! 거기 있는 노숙인 텐트촌을 그때 제가 만들었어요.

아, 그래요?

저는 제가 처자식을 굶길 거라고 상상도 못 했어요. 그때만 해도 젊고 힘이 있었으니까요. 그런데 IMF 때는 제힘으로 안 되더라고요. 그 뒤로도 뭐 스토리가 많지만, 어쨌든 어디라도 정착해야 할 것 같아서 신촌에 있는 어느 흉가로 들어갔어요. 정말 대문도 없고, 요즘은 상상도 못 할 텐데, 거적때기로 대충 가린 집이었죠. 그 집을 되게 싸게 해서 들어갔는데, 거기가 마침 김형국 목사님 앞집이었죠. 그때는… 사는 게 희망이 하나도 안 보였어요. 우울감이 올라와서 비만 오면 밖을 못 나갔어요. 제가 기타 치고 노래하는 걸 되게 좋아하는데, 죄다 청승맞은 노래만 불렀어요.

허무에 젖어 있었던 거네요.

현실적으로 아무런 희망도 보이지 않았고, 하루에 서너 시간씩 자고 종일 일해도, 사업하면서 빚진 걸 겨우 이자만 갚는 암울한 상황이었죠. 더 이상 어떻게 길이 없는.

그러다가 이 시점에 현일 형제하고 저희 가정이 만나게 돼요. 저희 아들 이름이 김지원이에요. 현일 형제 딸 이름도 김지원이고요. 저희 가정은 아이들을 당연히 가까운 어린이집에 보냈고, 이 집에서는 옥란 자매가 아이를 어린이집에 한 달만 보냈으면 좋겠다, 돈이 없으니까 계속은 못 보낼 거고 한 달만 보냈으면 좋겠다, 그래서 같은 어린이집을 다니게 됐어요. 어린이집 선생님이 김지원 그랬더니, 네! 네! 하고 둘이 대답한 거예요. 그러니까 남자 지원이, 여자 지원이가 된 거죠. 엄마 둘이 아이를 데리고 집으로 돌아오는데 날마다 같은 골목길로 오는 거예요. 그러다가 엄마들끼리 대화를 나누게 된 거죠.

그 골목에서 저를 처음 봤을 때, 제 이미지가 어땠어요?

처음엔 깡패 두목인 줄 알았어요.

(어이없는 웃음) 아니, 어떻게 사람을 다 그쪽으로만 봐.

저도 신문 배달을 하면서 새벽일을 하는데 새벽 네 신가, 그때쯤에 목사님 집 차고 문이 열리는 거예요. 목사님이 들어오는 건지 나가는 건지 잘 모르잖아요. 근데 그 시간에 나가는 사람은 잘 없으니까요. 그래서 저는

유치장에서 처음으로
신에게 기도했어요.
'이번 한 번만 잘 좀 어떻게 해서
풀어주시면 앞으로 진짜 사고 안 치고
인간답게 살겠습니다.'

그 시간에 들어오는 걸로 생각하고, 그 시간에 영업 끝나고 들어오는 사람이면 뻔하잖아요? 목사님이 덩치도 있고, 인상도 무시무시하니까, 내가 잘 모르는 큰 건달인가, 어디 나이트클럽 사장인가, 그런 정도로 생각했죠.

근데 그때 목사님 사모님이 저희 부부를 쳐다보는 눈이 되게 이상했어요. 우리를 신기하게 쳐다보면서 되게 이쁘게 쳐다본다는 게 느껴졌어요. 집사람이 신소영 사모님에게 애들을 어린이집에 더 이상 못 보낸다고 하니까, 사모님이 집에서 학교를 해 보자고 했어요. 엄마들이 선생님을 하고. 그래서 홍자두 학교가 생겨났어요. 집사람은 위축되고 자신감도 없어서, '제가 어떻게 선생님을 할 수 있어요?'라고 했더니, 그냥 와서 동화책을 읽어 주면 된다고. 그래서 신소영 사모님하고 집사람 둘이서 애들 넷을 한 동네에서 같이 키웠죠.

(청중에게) 이름만 보면 한집안 식구 같잖아요? 김지원 둘 하고, 우리 집 둘째 김지인, 저 집 둘째 김지민. 제 아내가 저에게 애들 넷을 데려다 그렇게 해도 되냐고 물어보더라고요. 그래서 너무 좋다, 같이하면 그 집 애들에게도 도움이 되니까 같이 해 보자 그랬죠. 그래서 애들한테 학교 이름을 지으라고 했더니 홍자두 학교가 된 거죠. 왜 그 이름이 나왔는지는 지금도 몰라요.

그때 애들이 하나는 홍시 학교로 하자, 하나는 자두 학교로 하자, 그러다가 홍자두 학교가 됐대요.

아, 그렇군요. (웃음) 그러다가 제가 현일 형제에게 "한번 저희 집에 오세요" 하고 초대했어요. 부부가 같이 식사하려고 준비하는데, 저쪽 남자는 담배도 피우고 거친 사람 같으니까, 어떻게 하면 이 친구한테 내가 당신의 친구가 될 수 있다는 걸 보여줄까 하다가, 소주, 맥주, 백세주 이렇게 쫙 준비해 놓고 불렀죠. 불러서 내가 "현일 씨 뭘 드시겠어요?" 했더니, 와, 술을 못한다는 거예요. 목사가 술을 준비했는데, 이 사람은 술을 못한대요. 너무 당황했죠. 그때 어땠어요?

참, 애쓴다. 그랬죠. (청중의 웃음소리) 저는 목사님이 목사란 걸 나중에 집사람을 통해서 알았어요. "지원이 아빠가 목사래." 하길래 내가 "야! 친하게 지내지 마!" 그랬어요. 이유가 있어서 그런 게 아니라 그냥 불편했어요. 저는 크리스마스 때도 교회 간 적이 없거든요. 그런데 사모님이 저희 애들한테 너무 잘하시니까 인간적으로 되게 감사했죠.

어느 날 집사람이 나들목교회 창립 예배를 하는데, 저희가 초대받았다고 하더라고요. 그때 제 유일한 낙이 조기축구였어요. 일요일만 되면 아침 6시에 나가서 저녁 6시까지 축구하고 사우나하고 늦게 들어와서 새벽에 신문 배달 나가고. 이게 저의 유일한 종교였거든요. 저는 먹고사는 문제가 정말 너무 절박했기 때문에 다른 걸 생각할 수가 없었어요. 그래서 목사님이 가끔 교회 오라고 이야기해도 계속 도망 다니고, 창립 예배 때도 오라는 거 안 갔어요.

그러다 목사님이 술 한잔하자, 그러니까 차마 그것까지 뿌리칠 수가 없어서 간 거죠. 진짜 마지못해서 갔는데, 어? 정말 술이 딱 나와 있더라고요. 그래서 '야, 이분 좀 다른 목사님인가?' 했죠.

그때 제가 성공은 못 했어도 인상 하나는 확실하게 줬네요. 어쨌든 처음에는 옥란 자매가 먼저 교회를 나오기 시작했어요.

집사람이 창립 예배를 갔다 온 다음에 제가 교회를 못 가게 했어요. 그냥 애들 핑계 대고 이래저래 못 가게 했죠. 그러다가 홍자두 학교에서 피아노를 이 방에서 저 방으로 옮기는데, 저한테 도와 달라고 해서 목사님 댁에 갔어요. 그때는 목사님하고 동네에서 한두 번 축구도 하고 형 동생 할 때였는데, 목사님이 저한테 그러셨어요. "너 교회에 한번 꼭 와라. 동네 형이 노래방을 하나 오픈해도 와서 좀 팔아주는데, 너는 교회를 한 번도 안 오냐? 내가 널 위해서 설교도 준비했어." 그 말이 민망하기도 하고, 맞잖아요. 그래서 "알겠습니다" 하고 처음 교회에 간 게 2001년 11월 4일이었어요. 교회가 정림빌딩 지하에 있을 땐데, 저는 성격 자체가 뭐 주춤주춤 이런 게 없어서, 그냥 노빠꾸로 가는 사람이니까, 맨 앞줄 한가운데 앉았어요. 그날.

자, 덤벼라?

'덤벼라!'가 아니라 '형님 저 왔습니다!' 눈도장 딱 찍고 다음 주부터는 축구하려고 했죠. 저희 집사람은 그때만 해도 앞에 잘 못 앉았는데, 저는 쫙 다리 벌리고 팔짱 끼고 한가운데 앉았죠. 형님! 나 여기 왔다 갑니다! 그런데 예배 시작하면서 영상 스크린에 뭔가 글씨가 쭉 내려오잖아요.

'지난 나들목*'이란 순서였죠.

그 '지난 나들목' 순서를 보는데, 갑자기 '이게 뭐야?' '아니 이 사람들 뭐야?' '도대체 여기서 무슨 일이 일어나고 있는 거야?' 뭐, 이런 생각이 드는 거예요. 그리곤 제가 막 울고 있었어요. 내가 우는 것도 이해가 안 되는데, 도대체 여기 있는 사람들은 무슨 생각을 하고 사는 건지, 여기서 무슨 일이 일어나고 있는 건지, 저한테는 엄청 큰 충격이었어요. 그때 은혜를 다 받았죠. 목사님 설교 내용은 기억도 잘 안 나요.

아, 네……. 그래서 어떻게 하나님을 알아갔어요?

궁금했어요. 제가 허무에 빠져서 막 헤매고 있었는데, 그런 이야기가 예배 때 나오고, 저랑 비슷한 문제로 고민하는 사람들도 있고, 거기서 약간 먼저 앞서가는 사람들도 있는 것 같고. 궁금해서 계속 다니고 싶었어요. 제가 갑자기 일요일에 교회에 간다고 하니까, 그때 제가 축구단에서 감독도 하고 총무도 했었는데, 저를 때려죽인다고 난리가 났죠. 제가 뭐 하나 딱 꽂히면 앞뒤 안 가리고 그냥 해버리는 성향이거든요.

저한테 개인적으로도 복음을 알려달라고 하고.

목사님한테 막 졸랐죠. 내가 오토바이를 미친놈처럼 타고 다녀서 언제 죽을지도 모르는데, 만약에 진짜 하나님 나라가 있고 예수님이 있다면, 나

---

* 나들목교회는 지난주에 예배드린 이가 적었던 고백문 중에 몇 편을 골라서 예배를 시작할 때 자막으로 보여준다.

큰일 나는 거 아니냐? 그러니까 빨리 세례받게 해달라고 그랬더니, 목사님이 그게 그냥 그렇게 받는 게 아니다. 뭘 좀 알고 받아야 한다고 해서, 내가 내일 죽을지 모레 죽을지 모르니까 빨리 가르쳐 달라고 했죠. 사실은 제가 차라리 죽는 게 낫다는 생각을 굉장히 많이 했거든요. 정말 적당한 시기에 하나님께서 저를 불러 주신 거 같아요.

그때 우리가 넉 주 정도 집중적으로 하나님에 관한 이야기를 나누었죠. 화요일에 새벽마다 목사님하고 저하고 일대일로 성경을 공부했죠.

(청중에게) 그때 저도 시간이 없어서 이 친구가 새벽에 신문 배달하고 나면 시간이 나니까, 그때 와라 하고 새벽에 만나서 하나님에 대한 이야기를 쭉 같이 했던 것 같아요. 그래서 하나님과 예수님이 어떤 존재로 다가왔어요?

성경을 보고 인터넷이나 다른 걸 찾아보니 처음에는 예수님이 실패한 혁명가처럼 보였어요. 그런데 실패한 혁명이 어떻게 2000년 넘게 이어갈 수 있었을까. 3년 정도밖에 안 되는 공생애 기간이 실패한 것처럼 보였는데, 어떻게 2000년 동안 내려오면서 점점 완성해 갈 수 있었을까. 그 놀라운 동력은 뭘까. 이런 질문이 들었어요. 제가 세례받을 때는 큰일 났다, 빨리 받아야겠다, 약간 이런 마음이었는데, 세례를 받고 나서 얼마 뒤에 오토바이를 타다가 팔목이 부러졌어요. 그때 신소영 사모님이 저한테『톰슨 성경 주석』을 주셨고, 목사님이 굉장히 어려운 책을 주셨어요. 한 달 정도 일을 못 하니까, 심심해서 그 책을 한번 읽어봤죠. 저는 노아의 홍수나 삼손 이야기가 성경에 있는 내용인 줄 몰랐어요. 그냥 어디 옛날이야긴 줄 알았는데. 어? 이런 게 성경에 있네! 했어요.

그런데 성경을 읽다가 희한하게 레위기에서 꽂힌 거예요. (청중의 웃음소리) 거기 보니까 희년이라는 법이 있는데, 뭔지 모르지만 엄청 공평해 보이더라고요. 제가 가난하게 살아와서 그런 게 눈에 보였나 봐요. 뿔 나팔을 불면, 50년이 되면 다 제대로 돌려놓는다고? 이런 게 기독교라고? 그러다 이사야서 43장을 읽는데 희한한 데서 꽂혔어요. '내가 너를 구속하였고 내가 너를 지명하여 불렀나니 너는 내 것'이라고 이야기할 때, '구속'이 '체포'인 줄 알고요.

아하하, 내가 너를 구속했다! 체포했다!?

네. 거기서 은혜를 받았어요. 와, 하나님이 나를 당신의 유치장에 넣으셨어! 정말 딱 실감이 나는 거예요. 유치장 가면 '방장'이나 '소지'나 이런 사람들 힘이 어마어마하거든요. 그런데 하나님이 나를 당신의 구치소에 구속했다고? 그러면 내가 하나님의 꼬봉이 된 거잖아요. 그렇다면 당연히 하나님을 받아들여야죠.

하여간 좀 독특해요. (웃음) 제가 볼 때 하나님이 현일 형제를 아주 특별하게 인도하신 것 같아요. 하나님 믿자마자 팔목이 딱 부러져서, 일을 못하게 되고, 집에서 성경을 읽으면서, 그때 진짜 성경을 열심히 읽었죠?

제가 좀 단순하고 충성심이 많거든요. 한 번 꽂히면 시키는 대로 해요. 그때 목사님이 저한테 책도 주셨지만, 설교도 많이 들으라고 하셨거든요. 예배 끝나고 나면 제일 먼저 가서 설교 테이프를 사가지고 새벽에 신문 배달할 때 마이마이(카세트테이프 플레이어)에 꽂아서 들었죠. 배달하면서 내내 들었어요. 목사님 설교를 하루에 한 번 내지는 두 번 들으니까, 일주일에 최소 열 번 정도는 들은 거죠. 달달달달 거의 외우다시피. 그렇게 4-5년 들었던 것 같아요.

대단한 열심이에요. 그리고 또 어떻게 하나님을 알아갔어요?

그때 저랑 제 가족한테는 가정교회가 진짜 좋았어요. 저희 가정이 그때 봉지쌀을 먹을 때였거든요. 제가 퀵서비스 갔다 오면서 봉지쌀을 사면, 그걸로 3-4일을 먹었어요. 그랬는데 가정교회에 가면 생전 먹어보지도 못한 음식들이 나오는 거예요.* 목자님이 그렇게 다 준비해 주셨어요. 저는 너무 좋은 거예요. 그래서 금요일만 엄청 기다렸죠. 그때 목자님들이 그런 이야기를 했어요. 이 모든 것들이 하나님 나라를 맛보는 거다. 저는 그 말이 확 다가왔어요. 야! 하나님 나라에 가면 굶어 죽진 않겠구나! 단순하게 그렇게 생각했어요. 가정교회 사람들은 그동안 제가 세상에 살면서 만났던 사람들하고 전혀 달랐어요.

---

* 당시 나들목교회는 같은 가정교회에 속한 성도 십여 명이 주 1회 정기적으로 모여서 식사교제하고 예배했다.

뭐가 달랐어요?

일단 우리를 그냥 있는 그대로 대해 줬어요. 제가 세상에서는 일용직 노동자고 하니까, 부를 때에도 "야, 김 기사!" 뭐 이렇게 부르면서 막 대하잖아요. 그 틈바구니에서 살아남으려면 나도 똘아이처럼 굴어야 나를 지키고, 가족도 지키고 살 수 있거든요. 그런데 가정교회는 그런 게 전혀 없어요. 좋은 회사 다니고 방송국 다니고 하는 사람들이, "형 왔어?" "오빠!" 이러면서 그냥 가족처럼 대해 주는 거예요. 우리 애들도 자기애들처럼 똑같이 예뻐하고, 이모 삼촌 해 주고. 그냥 인간으로 대해 준다? 인격적이다? 이런 게 완전히 달랐죠. 그때 목자님과 가정교회 식구들이 보여준 것이, 물론 그 안에서 서로 싸우기도 했지만, '이런 공동체가 하나님 나라 비슷한 거라면, 나는 그 나라에 가고 싶다. 진짜! 강력하게!'라고 생각하게 했어요.

현일 형제는 성경과 설교 말씀을 통해서 하나님과 예수님에 대해서 알아갔고, 또 사람과 가정교회를 통해서 하나님 나라를 배워갔네요.

사람들은 기독교를 그냥 믿는 거라고 그래요. "내가 믿기로 했어!" "잘 안 믿어지지만 믿어야 믿음이잖아!" 이런 거래요. 아니요! 기독교의 믿음은 그런 게 아니고요. 기독교 이야기를 들어보니까 이것이 세상과 나를 가장 잘 설명해 주는 방식이야, 그래서 믿는 거예요. 성경에서는 믿음이 클 필요가 없고 겨자씨만 하면 된다고 이야기해요. 그래서 성도가 할 일은 복음을 잘 들려주는 것, 잘 설명해 주는 것, 그리고 보여주는 거예요. 그게 이론이나 가짜가 아니라, 진짜 우리는 이렇게 살고 있다는 걸 보여주는 거. 완전하지 않아도 돼요. 진실하게 잘 설명해 주고 잘 보여주면, 사실 안 믿기가 어렵죠. 그럼 받아들이는 거예요. 그리고 변하기 시작하는 거예요.

현일 형제는 하나님을 믿고 삶에 변화가 생겼나요?

네. 많이 변했죠.

본인은 많이 변했다고 생각할 수 있지만, 정말 변했는지 아는 것은 옆 사람이 더 잘 알겠죠. 옥란 자매님! 예수 믿고 나니까 현일 형제가 변하던 가요? 어떤 게 가장 큰 변화였어요?

김옥란 세례받고도 초반에는 성격이 여전히 거칠어서 '그래도 맞을 놈은 맞아야 돼'라고 생각하더니, 점점 '아, 세상에 맞을 놈은 없구나!'라는 쪽으로 바뀌어 가더라고요.

김현일 그거 이야기해도 돼요? 목사님한테 혼난 거?

… 하세요.

제가 신문 배달하면서 어렵게 사니까, 목사님 아버님이신 김정철 장로님이 일하는 데를 소개해 주셨어요. 인테리어 공사를 하면서 몸 쓰는 일인데, 철거 일하는 애들 중에 양아치 같은 애들이 있었어요. 걔네들하고 어떻게 하다가 싸움이 나서 패버렸는데, 그걸 회사 사장님이 목사님한테 일렀죠. 그랬더니 목사님이 "내 방으로 와라!" 그래서, 가서 무릎 꿇고 손 들고 벌섰잖아요. 제가 "저 잘못한 거 하나도 없어요. 그놈이 맞을 만했어요!" 그랬더니 "세상에 맞을 만한 사람이 어디 있냐? 생각해 봐라. 하나님이 우리를 벌주려고 하면 너나 나나 누구 하나 남을 사람이 있겠냐? 세상에 맞을 만한 사람은 없다!" 그렇게 이야기를 하셨어요. 그래서 그때부터 '아, 사람을 때리면 안 되겠구나' 하고 생각했죠.

정말 큰 변화죠. 하나님을 믿고 성경을 읽으면서 성경에서 가르치는 바를 보게 되고, 하나님을 알아가면서 하나님의 사랑을 배우는 거죠. 아까 그 이야기 했잖아요? 3kg밖에 안 되는 아이를 어떻게 해야 하나. 그런데 하나님을 알아가니까, '아, 이렇게 사랑하는 거구나' 하는 것을 깨달아 가면서, 삶이 전반적으로 재구성되는 거예요. 그리스도인이 된다는 건 교회를 그냥 다니는 게 아니에요. 예수님을 알고 하나님을 알게 돼서 무너졌던 내 삶이 다시 정돈되는 거예요. 조각 조각났던 삶이 통합되는 거죠. '아, 이렇게 사는 게 맞구나. 이렇게 아이를 키우고, 이렇게 가정을 만들어 가고, 이렇게 경제생활을 하고', 그래서 삶 전체가 바뀌어 가는 게 그리스도인이 되는 겁니다. 교회 다니고, 성경 읽고, 이런 것은 종교적인 것이고, 진짜 중요한 건 삶이 변하는 겁니다. 현일 형제에게 그런 변화가 일어났던 거죠.

그런데 여기서 궁금한 것은 허무주의에 빠져 있다가 하나님을 만났잖아요? 그래서 하나님이 자신을 채워주셨고, 새로운 삶을 보여주셨는데, 그 뒤로 옛날에 느꼈던 허무가 좀 사라졌나요?

허무가 싹 사라졌다면 거짓말이고요. 지금도 남아 있어요. 제가 15년

그때 목자님과 가정교회 식구들이
보여준 것이 '이런 공동체가 하나님 나라
비슷한 거라면, 나는 그 나라에 가고 싶다.
진짜! 강력하게!'라고 생각하게 했어요.

전부터 당뇨가 시작됐는데, 당뇨가 있어도 밥 먹고 약 먹고, 자장면 먹고 약 먹고, 운동하면서 그렇게 살잖아요. 허무도 비슷한 것 같아요. 허무가 있어도 당뇨처럼 적당한 처방전을 가지고 살면 될 것 같았어요. 예전에는 허무가 찾아오면 거기 깊이 빠졌는데, 지금은 익숙하게 받아들이고 기타도 치고 노래도 하고 찬양을 불러요. 〈풍성한 삶의 기초〉* 강의를 듣기도 하고요. 살면서 감사한 것도 많지만 허무함은 그냥 비가 오고, 눈이 오고, 계절이 찾아오는 것처럼 불쑥불쑥 찾아와요. 이럴 때 처방전을 가지고 있으면 큰 도움이 되더라고요.

처방전에 대해서 좀 더 이야기해 줄래요?
제가 되게 감정적인 사람이라 유행하는 드라마를 사실 잘 못 봐요. 너무 감정이입을 하면 제가 생활을 잘 못 하거든요.

믿기지 않지만, 보기보다 굉장히 섬세하군요?
저희 집사람이 로보캅 같고, 저는 소녀 감성이에요. 진짜.

(마지못해) 오케이, 오케이.
제가 〈풍성한 삶의 기초〉 과정을 마치고 나서, 아침마다 하는 루틴이 있어요. 아침에 딱 일어나면 기도문을 외워요. "예수 그리스도 안에서 하나님께서 나를 용납하셨다", "예수 그리스도 안에서 나를 특별한 존재로 만

---

*그리스도인이 하나님, 나, 공동체, 세상이라는 네 영역에서 잘 성장하도록 돕는 일대일 신앙훈련.

드셨다", "예수 그리스도 안에서 하나님이 나를 새로운 가족 공동체에 속하게 하셨다" 그리스도인의 이 세 가지 축복을 가지고 아침마다 기도해요. 그리고 점심에는 이어폰 귀에다 꽂고 5분에서 10분 정도 찬양을 들어요. 전에 목사님이 그런 이야기를 했어요. 사람이 왜 하루에 세 번 밥을 먹냐고. 한 번만 먹어서는 배고파서 못 산다고요. 그 말이 맞잖아요. 저는 동의가 되면 바로 몸으로 움직이거든요. 그래서 점심때가 되면 거리낌 없이 찬양을 듣고 불러요. 그리고 저녁에는 기도문을 보내요. 존 베일리의 〈30일 기도문〉 같은 거요. 가정교회 식구들한테 기도문을 보내면서 저도 기도문을 읽는 거죠. 이런 세 가지 루틴이 저한테는 예방약이에요. 허무함이나 우울감이 오지 않도록 하는 예방약이요. 그거를 안 하면 상태가 안 좋아지고, 금방 허무가 오더라고요.

많은 사람은 허무를 느낄 때 허무에게 자기를 내어줘요. 또는 허무를 없애기 위해서 텔레비전을 본다거나 술을 마신다거나 각자 허무감을 다루는 방식이 있는데, 그 방식은 허무감을 잠깐 없애주지만 다시 또 생기죠. 그럴 때 현일 형제는 기도하고 찬양을 듣는 시간을 가진다고 했는데, 그건 외형일 수 있어요. 기도한다고 무조건 허무감이 없어지지 않거든요. 그런데 현일 형제가 굉장히 잘 하는 게, "나는 예수 그리스도 안에서 받아들여졌다", "나는 예수 그리스도 안에서 특별한 존재이다", "나는 예수 그리스도 안에서 새로운 공동체에 속했다", 이 세 가지 명제를 계속 새기는 거예요. 그런데 사람들은 이 명제를 머리 한쪽 귀퉁이에 데이터로만 남겨 놓거

든요. 아침마다 기도하면서 데이터가 아니라 영적 실재로 받아들인다면, 핵심이 되는 예수를 만나겠죠. 예수 그리스도 안에서 내가 이런 존재가 되었다는 것을 제대로 아는 거죠. 기독교는 '한 번 예수님 믿고 구원받고 천당 가는 거', 그렇게 단순하게만 말할 수 있는 종교가 아니에요. 인생을 살다 보면 허무가 마치 비 오듯 슥 다가오거든요. 그러면 어떤 사람들은 하나님 믿기 전에 하던 방식으로 허무에게 자기를 내어줘요. 또 어떤 사람은 그걸 즐겨요. 허무를. 그리고 자기 허무를 핥아요. 그런데 진짜 그리스도인들은 허무가 와도 거기에 좌우되지 않고, '하나님이 날 위해서 뭘 하셨지? 예수가 나를 위해서 어떤 일을 하셨지?' 하고 상기해요. 그것이 예수라는 개념이 아니라 진짜 예수께 나아가는 거예요.

나들목교회에는 이웃과 함께하는 활동이 있었는데, 저도 중증장애인 목욕 봉사도 나가고 노숙인 봉사도 나갔어요. 그때 중증장애인 목욕 봉사를 하면서 느낀 게, 제가 가지고 있는 고민이나 고통이나 허무가 진짜 보잘것없더라고요. 그냥 녹아버린다, 딱 이런 느낌이었어요. 혈우병 걸린 여인이 예수님이 계신 곳에 가서 예수님의 옷자락을 만질 때 느꼈던, 하나님의 임재 같은.

맞아요. 기독교의 기도가 다른 종교와 다른 것은 하나님의 임재 안에 들어가는 거예요. 혈우병 걸린 여인이 혈우병을 안고 예수님께 나아가서 그분의 옷을 만지려고 간절한 마음으로 다가갔듯이, 그런 마음으로 하나님 앞에 나아가면 하나님이 자신을 채워주시죠. 그것을 맛보면 허무가 슥 사라져버리고 다시 생명이 채워지고 이런 것을 경험하면서 점점 안정되는 거예요. 허무라는 감정은 사라지지 않아요. 사라지면 사람이 아니에요. 그게 계속 다가와요. 그런데 어떤 사람은 거기에 밀려 쓰러지고 자기 삶을 그냥 방치해 버려요. 그냥 포기해버려요. "에이, 인생 뭐 있어? 확!" 허무에 굴복하는 모습이죠. 그런데 어떤 사람들은 거기서 다시 힘을 얻고 또다시 자기가 살아야 할 삶을 의연하게 한 걸음씩 걸어가요.

현일 형제가 그런 것을 잘 배워가고 있다니, 놀랍네요. 마지막으로 하나만 질문할게요. 하나님은 가난한 마음을 가진 사람들을 찾아오시죠. 현일 형제는 누구보다도 그곳을 잘 발견한 것 같아요. 그래서 바하밥집도 시작했고요. 바하밥집에 대해서 잘 모르는 분들도 있으니까, 무슨 일을 하는지, 어떻게 시작했는지, 소개해 주시죠.

바하밥집을 풀어서 말하면 '바나바 하우스 밥집'이에요. 바나바 하우스는 김정철 장로님이 교회에 헌금을 하셔서, 저희 가족처럼 오갈 데 없는 사람들에게 보증금을 빌려주신 것으로 처음 시작됐어요. 그때 그 집에 저희만 산 게 아니고, 제가 오지랖이 넓어서 신문 배달 일을 하며 부모 없는 애들 셋을 데리고 살았거든요. 목사님이 바나바 하우스라고 이름도 지어주셨고요. 그 친구들하고 신촌 쪽에서 살다가 신설동으로 이사를 왔는데, 그곳에 노숙인들이 많았어요. 그래서 그분들에게 밥을 좀 줬으면 좋겠다는 생각으로 컵라면을 들고 나갔죠. 처음에 저는 교회의 모든 사람이 저처럼 노숙인 사역도 하고 중증장애인도 돌봐야 한다고 생각했어요. 그래서 목사님한테 따지면서. "목사님, 노숙인 사역 해야 합니다! 우리가 해야 합니다!" 했더니, 목사님은 "내가 모든 사역을 어떻게 다하겠냐? 교회인 네가 해라!" 그랬어요. 그때 머리를 한 대 딱 얻어맞는 거 같았어요. 아, 일단 내가 먼저 시작해야 하는 거구나. 그래서 바하밥집 책을 출판할 때, 사실은 제목을 '네가 해라!'로 지으려고 했어요.

책 제목을? 음… 대박이 났을 수도? (웃음)

저에게는 '예수님이 왜 이렇게 낮은 곳으로 오셨을까?' 하는 고민이 늘 있어요. '복음이 낮은 곳에서 선포되어야 중산층도 상류층도 다 볼 수 있다. 그래서 복음이 낮은 곳에서 선포된 거다. 만약에 예수님이 로마 황제로 오셨거나 상류층으로 왔다면 율법학자 같은 중산층 정도가 찾지 않았을까. 그런데 예수님이 목수의 아들로 왔고, 그분의 제자들 수준도 보면, 복음은 가장 낮은 곳에서 선포되는 것이다.' 그런 생각을 했어요. 그래서 저도 낮은 곳에 있어야겠다는 생각으로 17년 정도 가정교회 목자를 하면서 51:49라는 걸 만들었어요. 복음으로 다시 태어난 건강한 51%가 하나님을 모르고 장애가 있고 차별을 받는 형제자매 49%를 끌어안고 같이 산다. 그렇게 〈보문브룩스공동체〉*가 만들어졌어요. 지금은 네 개의 가정교회가 한 공동체를 이루고 있고요. 저한테 바하밥집은 수련장이에요. 예수님의 임재를 경험할 수 있는 곳이죠. 바하밥집 현장을 제가 지금도 놓지 않고 있는 이유는 그곳에 가면 예수님의 옷자락을 만지는 혈우병 앓는 여

---

* '브룩스'는 영화 〈쇼생크탈출〉에 나오는 인물로, 감옥에서 모범수로 세상에 나오지만 낯선 세상에 적응하지 못하고 스스로 생을 마감한다. 보문브룩스공동체는 브룩스와 같은 불행한 사회적 약자가 없기를 바라며 그들과 가정교회로 함께하는 공동체이다.

인의 심정이 너무 생생하게 다가오기 때문이에요. '지금 이 순간에 예수님이 어디에 계실까? 누구랑 같이 계실까?' 하고 생각하면 예수님이 어떨 때는 바하밥집 현장에 계시고, 또 어떨 때는 제일 힘들고 외로워하는 가정교회 식구들에게 있고 그래요. 제가 그 자리에 다 가지는 못하지만, 늘 '예수님이라면 어떻게 하실까, 예수님이라면 지금 어디에 계실까?' 하는 게 저의 질문이에요.

아주 중요한 이야기입니다. 사람들이 자기 자신만 들여다보고 있으면 허무에서 못 벗어나요. 그러면 쾌락에 갇히든, 허무에 갇히죠. 그런데 현일 형제가 이야기한 바하밥집에서 돌보는 사람들이나, 정서적으로 어려움을 겪거나 관계적으로 어려움을 겪는, 마음이 가난한 수많은 사람이 있잖아요. 그분을 돕겠다가 아니라 그냥 그 사람 옆에 있을 때, 거기에서 하나님의 임재를 발견하는 거죠. 밥집 사역을 가난한 사람을 위한 자선사업이라고 생각하는 분들이 많아요. 그건 하나님 나라를 아직 잘 몰라서 그래요. 자선사업이 아니고 거기에 계신 하나님의 임재에 동참하는 거예요. 하나님은 늘 낮은 곳에, 가난한 곳에, 상처받고 버림받은 사람들 가까이 계시거든요. 그게 기독교의 하나님이에요. 제가 현일 형제를 귀하게 생각하는 이유는 바하밥집 사역을 자선사업이나 박애 정신, 그 이상의 마음으로 한다는 거예요. 그러다 보면 그곳에 계시는 하나님의 임재 안으로, 깨진 세상을 회복하시길 원하는 그분 앞으로 가는 거죠. 이거는 봉사나 사역이라기보다는 예배 같은 거예요. 예배!

저한테 바하밥집은 수련장이에요. 예수님의 임재를 경험할 수 있는 곳이죠. 그곳에 가면 예수님의 옷자락을 만지는 혈우병 앓는 여인의 심정이 너무 생생하게 다가오기 때문이에요. '지금 이 순간에 예수님이 어디에 계실까? 누구랑 같이 계실까?' 하고 생각하면 예수님이 어떨 때는 바하밥집 현장에 계시고, 또 어떨 때는 제일 힘들고 외로워하는 가정교회 식구들에게 있고 그래요.

현일 형제, 앞으로 꿈이 있다면 어떤 거예요?

제가 바하밥집 대표지만 저는 개인적으로 목자라는 정체성이 강해요. 교회에서 10년 동안 훈련을 하면서 제 삶의 루틴과 신앙이 잘 정돈되었어요. 이런 것을 나누고 싶어요. 제가 공부를 잘하지는 못했지만, 공부 잘하는 애들하고 공부 못하는 애들하고 차이를 보니까, 공부 잘하는 애들은 책 한 권을 끝까지 보더라고요. 저는 공동체에 대한 수고를 적어도 10년 이상은 해 봐야 한다고 생각해요. 제가 바하밥집을 5년째 6년째 할 때까지만 해도 하루에 두 번씩 관두려고 했어요. 그런데 10년쯤 하니까 바하밥집 사역이 내 예배구나, 하는 걸 깨달았어요.

목사님한테 아직 말씀을 안 드렸지만 〈풍성한 삶의 기초〉 과정을 제 식으로 조금씩 변형하고 있어요. 하나님을 잘 모르는 사람들에게 부모 교육을 할 때 적극적으로 활용하고 있거든요. 이미 해 봤는데, 효과가 좋더라고요. 진리를 기반으로 하고 있으니까요. 바하밥집이나 리커버리센터 사역은 나중에 다른 사람이 더 잘할 것 같아요. 제 꿈은 사람들에게 복음의 루틴을 알려 주는 거예요. 제가 그렇게 성장했기 때문에 다른 사람들도 건강한 복음의 루틴으로 자기 부르심을 찾아가고, 건강하게 성장하도록 돕고 싶어요.

야매 버전으로. (웃음)
네, 김현일식 야매 버전으로요.

어쨌든 너무나 감사합니다. 복음을 잘 소화해서, 들을 수 있는 사람의 언어로 바꾸어서, 제대로 복음을 전달하는 삶을 살고 싶다고 말씀하시네요. 어쩌면 오토바이를 타다가 객사했을 가능성이 큰 사람이었는데, 하나님을 만나고 나서 이제는 수많은 사람을 오히려 살리고 있네요. 그런 멋진 삶을 살게 하신 하나님께 감사드립니다. 인간은 원래 허무하지만 허무에 굴복하지 않고 살 수 있는 실례를 현일 형제가 삶으로 보여주신 것 같아요. 박수로 감사의 마음을 전할까요?

제 꿈은 사람들에게 복음의 루틴을
알려주는 거예요.
제가 그렇게 성장했기 때문에
다른 사람들도 건강한 복음의 루틴으로
부르심을 찾아가고,
건강하게 성장하도록 돕고 싶어요.

그리스도인들 가운데 예수를 믿고 나서 허무한 것은 하나도 없고 기쁘기만 하다고 말하는 사람이 있는데, 거짓말이라고 생각해요. 그럴 수 없어요. 그렇지 않습니다. 기독교는 이상한 약을 하는 것 같은 종교가 아니에요. 진짜 삶을 사는 거예요. 허무는 인간이 가지고 있는 기본적 정서에요. 허무가 없어지는 것은 우리가 하나님과 하나가 될 때, 하나님 품에 완전히 안길 때, 허무는 사라집니다. 그전까지는 끊임없이 밀물 썰물처럼 들어왔다 나갔다 들어왔다 나갔다 그럴 거예요. 그런데 옛날에는 그게 홍수처럼 덮쳐서 꼼짝 못했던 사람들이, 예수를 알면 허무를 다르게 다루는 걸 배우는 거죠. 이걸 못 배우면 그리스도인이 됐다고 할지라도 여전히 허무에 굴복하고 살아요. 에베소서 3장 18-19절을 소개하고 싶습니다.

모든 성도와 함께 여러분이 그리스도의 사랑의 너비와 길이와 높이와 깊이가 어떠한지를 깨달을 수 있게 되고, 지식을 초월하는 그리스도의 사랑을 알게 되기를 빕니다. 그리하여 하나님의 온갖 충만하심으로 여러분이 충만하여지기를 바랍니다.

여기 말씀을 보면 '그리스도의 사랑'이라고 하는 말이 두 번 나오고, '충만함'이라는 단어가 두 번 나와요. 이게 바울의 기도 중에 나오는 이야기인데요. '아, 하나님이 나를 사랑하시는구나!'라는 것을 깨닫고 거기 눈이 열리면 그때부터 그리스도인이 되기 시작해요. '와, 하나님이 나를 이렇게까지 사랑한다고?' 이게 그리스도인이 되는 첫걸음입니다. 그런데 이렇게 하나님의 사랑을 깨닫는 것, 그것은 말 그대로 처음일 뿐입니다. 사도 바울은 그리스도의 사랑으로 하나님의 사랑을 어렴풋이 깨달아서 그리스도인이 된 에베소 사람들한테 편지로 말합니다. 그냥 어렴풋이 알아서 그리스도인이 된 것으로 끝나지 말고, 여러분 모두가 그리스도의 사랑의 너비와 길이와 높이와 깊이가 어떠한지 깨달았으면 좋겠다! 그 사랑은 말할 수 없이 깊다! 하나님의 사랑이 우리 속에 들어오면 들어올수록, 허무라고 하는 것이 우리 안에 자리 잡을 수가 없죠. 그걸 알길 바라는 거죠. '하나님의 무한한 사랑'이라는 출발점에 서 본 적이 없는 분들이 많아요. 그 사람들은 끊임없이 허무로 돌아갈 수밖에 없습니다. 그런데 하나님의 사랑이 자기 안에 들어오기 시작하면, 허무를 다루기 시작하는 것을 배우는 거죠. 에베소서 말씀처럼 하나님은 충만하세요. 그 충만하심으로 우리를 충만하게 하길 원하세요. 하나님에게는 허무가 없으세요. 하나님은 빈 곳이 없습니다. 그런데 우리는, 우리가 사는 세상은 빈 곳이 너무 많아요. 뽕뽕뽕뽕 뚫렸어요. 하지만 하나님이 충만하신 곳에, 하나님의 임재 가운데, 하나님을 사랑으로 고백할 때 그분의 사랑하심과 그분의 충만하심이 우리에게 흘러 들어옵니다.

바울이 그걸 알았어요. '하나님의 충만하심으로 너희를 충만하게 하기를 바란다.' 다르게 표현하면 '하나님의 그 충만한 생명으로 너희가 가지고 있는, 구멍이 뻥뻥뻥 뚫린 그 허무를 가득 채워주기를, 그래서 회복하기를 바란다.' 허무는 인간의 특징이에요. 그런데 그 허무를 넘어서는 삶을 사는 것, 허무를 데리고 살면서도 허무에 굴복하지 않으며 살 수 있는 것, 그

것은 예수 그리스도를 통해 하나님의 사랑을 맛본 사람들의 특징이에요. 여러분도 하나님이 계신 곳으로, 하나님의 임재 가운데 나아가, 하나님의 충만하심을 풍성하게 누리길 바랍니다.

아버지 안에서
참된 나를
찾다

김옥란 2002년 4월 28일 세례(나들목교회), 사단법인 푸른고래 리커버리센터장, 리커버리하우스 대표. 작은이들의교회 보문브룩스가정교회 목자, 딸들에게 친구 같은 엄마이자 남편과 함께 같은 꿈을 이루어 가는 아내, 포상 대통령 표창(청년권익개선 사회공헌분야, 2023년 9월).

나는 없었다

오늘은 인터뷰 설교 전에 노래를 한 곡 소개하고 싶습니다. 이 노래는 제가 좋아하는 곡이고 또 대중적으로도 많이 알려진 노래입니다. 그만큼 현대인들은 마음 한구석에 그 어떤 간절한 소망을 품고 살아가는지도 모르겠습니다. 고(故) 유재하 씨가 부른 노래 〈가리워진 길〉인데요. 노래 가사가 굉장히 마음에 와닿습니다.

청중의 박수를 받으며 무대 위로 두 배우가 올라간다. 무대 위에 놓인 두 개의 의자에 서로 등지고 앉아 자기 고백을 읊조리듯 천천히 노래한다.

"보일 듯 말듯 가물거리는 안개 속에 싸인 길. 잡힐 듯 말 듯 멀어져가는 무지개와 같은 길. … 그대여 힘이 돼 주오. 나에게 주어진 길 찾을 수 있도록."

이 노래가 나온 지 꽤 오래 됐지만 가사의 진정성과 음악의 아름다움 때문에 지금까지 많은 사랑을 받으면서 여러 가수가 반복해서 이 노래를 부르고 있습니다. 많은 사람이 '내가 이렇게 사는 게 맞아?' 하면서 살고 있죠. 자신이 가야 할 인생길을 찾지 못해도 살아가야 하니까 그냥 사는 인생이 대부분입니다. 나는 누구지? 나라는 존재가 과연 있나? 그냥 이렇게 살다 가는 건가? 나라는 존재에 대해서 이렇게 질문을 던져보지만, 그냥 내가 없는 삶을 사는 경우가 많습니다. 한때 그런 삶을 살았던 한 분을 모시고 이야기 나눌까 합니다. 사단법인 푸른고래 센터장인 김옥란 대표입니다.

사단법인 대표, 뭐 이런 호칭이 저는 좀 낯설어요. 그냥 지원이 엄마, 지민이 엄마가 더 편하고 익숙한데요. 조금 전에 부른 노래를 들어보니까 어땠어요?

저는 이 노래를 잘 몰랐거든요. 오늘 노래를 들으니까, 제가 어렸을 때 경험하고 고민했던 생각들이 쭉 지나가면서, 그때 막막했던 상황과 감정이 다시 떠올랐어요.

이런 노래를 밤에 불 꺼놓고 혼자 듣다 보면 가슴이 먹먹하죠. 지금도 이 노래를 부르면서 자기 인생길을 찾고 있을 수많은 사람이 있을 겁니다.

옥란 씨 부부와 우리 부부가 만난 지 얼마나 됐죠?

22-23년?

22-23년 동안 옥란 씨 부부가 변해 가는 과정을 옆에서 지켜볼 수 있는 특권이 저에게 있었는데요. 오늘 그 이야기를 같이 나눌까 합니다. 옥란 씨는 삶을 살면서 여러 중요한 만남이 있었을 것 같은데, 아마도 가장 중요했던 만남은 요 앞에 앉아 있는 남편 김현일 씨를 만난 거겠죠?

네. 맞습니다. (웃음)

좋든 싫든 부인할 수 없는 찐한 만남이었겠죠. 남편을 만나기 전에 옥란 씨 삶은 어땠어요?

어릴 때부터 아버지의 부재 속에서 자랐어요. 그러다 보니까 '내가 왜 태어났을까?' 이런 생각도 하고, 유재하 씨 노래 가사처럼 보이지 않는 막힌 길을 걷는 것같이 어떻게 살아야 할지도 잘 몰랐어요. 제가 저의 존재를 딱히 인정하지도 부정하지도 않은 채로 사춘기 시절을 지냈던 것 같아요. 중학교 1학년 즈음에 '내 존재가 뭘까?' 생각하면서 한 여덟 시간을 걸어서 집에 갔었던 적이 있어요. 한 30-40km를 걸어서 집에 도착하니까 밤 열두 시가 넘었더라고요. 저는 별로 외로움이 없다고 생각했는데, 제가 저를 찾지 못하는 상황에서 진지하게 고민했던 것 같아요.

중학교 1학년 때 그런 시간을 가졌다는 건 굉장히 조숙하긴 했네요. 어린 나이에 아버지의 부재는 인생에 대한 여러 가지 회의를 많이 가져왔을 것 같아요. 2002년 4월에 옥란 씨가 세례를 받았거든요. 그때 쓴 세례 고백문 앞부분에 보면, 그 당시 자신의 삶을 반추하는 표현이 있어요.

그 부분을 읽어 줄 수 있겠어요?

"아버지! 저에게는 아버지란 호칭이 너무나 낯섭니다. 아버지는 간경화증이란 병환으로 고생하시다가 제가 태어난 지 만 3년 만에, 제 동생이 태어난 지 몇 달 뒤에, 저희가 보고 싶어도 볼 수 없는 곳으로 떠나셨습니다. 어린 나이에 일어난 일이라 어떤 충격이랄 것도 없는 상황에 그저 그렇게 엄마와 동생과 살았습니다. 아버지의 얼굴조차 기억할 수 없는 저는 슬프게도 단 한 번의 아버지 목소리도, 그 사랑도, 그 무엇도 알 수가 없었습니다. 이런 상황은 저를 무척 힘들게 했습니다. 엄마는 늘 일을 해야 했고, 저와 동생은 늘 풍족하지 못한 생활에 불평만 늘어가고, 저녁마다 지쳐있는 엄마의 모습을 볼 때마다 아빠에 대한 원망과 미움이 차곡차곡 쌓여만 갔습니다. 진정으로 신이 계셔서 나를 보고 있다면 날 좀 어떻게 해달라고 하늘을 올려다보며 외쳤습니다."

엄마와 딸 둘, 세 식구가 살아남기 위해 진짜 애를 엄청나게 많이 썼을 것 같아요. 그때 살면서 기억나는 어떤 것이 있어요?

제가 어렸을 때만 해도 여자 혼자 사는 집은 굉장히 살기가 힘들었어요. 아직도 기억나는 것이… 우리 가족이 세를 들어 살았는데, 집주인 아저씨가 우리 집에 와서 형광등을 갈아준 적이 있어요. 그런데 갑자기 다음 날에 집주인 아주머니가 우리 집에 쳐들어와서 엄마를 마구 때리는 거예요. 엄마가 자기 남편을 꼬셨다고요. 그때가 제가 초등학교 4학년 때였고, 엄

중학교 1학년 즈음에 '내 존재가 뭘까?' 생각하면서 한 여덟 시간을 걸어서 집에 갔었던 적이 있어요. 한 30-40km을 걸어서 집에 도착하니까 밤 열두 시가 넘었더라고요. 저는 별로 외로움이 없다고 생각했는데, 제가 저를 찾지 못하는 상황에서 진지하게 고민했던 것 같아요.

마는 30대 초반이었으니까 젊었을 거 아니에요. 그때는 엄마가 뭘 잘못했나 그랬는데, 그 뒤로 엄마가 조용히 이사를 가더라고요. 나중에 커서 알았죠. 여자 혼자 아이를 키우며 사는 삶이라는 게… 참 힘들었겠다.

… 여러 가지 슬픈 기억 가운데 하나겠지만 듣기만 해도 너무 가슴이 아프네요. 어렵고 혼란스러운 어린 세월을 보냈겠어요. 그러다가 고등학교 진학은?

일찍 돈을 벌어야 해서 여자상업고등학교를 갔어요.

그러면 고등학교 졸업하고 일을 시작했어요?
바로 시작했습니다.

무슨 일이었어요?
작은 회사에 들어가서 주로 경리 업무를 맡아서 했어요.

스크린에 청년 시절 김옥란의 사진. 야외 유원지에서 홀로 찍은 모습이 젊고 풋풋하다.

결혼 전 사진을 보니까 현일 형제가 넘어갈 만하네요. (웃음) 직장 생활을 하고 있을 때, 남편인 현일 형제를 만나게 된 거죠?
네. 스물다섯에 만났습니다.

그런데 사실⋯ 현일 형제랑 결혼하면 안 되는 상황이 아니었나요?

그때 남편은 한 번 결혼했던 남자였고, 빚도 많았고, 지명수배자 신분이었어요.

아니 그게 말이 됩니까? 현일 형제가 얼마나 잘해 줬길래? 재혼이고, 경제적으로 빚도 있고, 거기다 지명수배자고. 옥란 씨, 아니 왜 그랬어요?

결혼할 당시에 제가 제 존재를 잘 몰랐고, 찾아보려고 하지도 않았던 것 같아요. 내가 어떤 사람인지 스스로를요. 어쨌든 지금 생각해도 잘 이해는 안 돼요. (웃음) 그때는 하나님을 몰랐지만 하나님께서 제 눈과 귀를 멀게 했던 게 아니었을까요?

그건 하나님이 아니고 호르몬입니다. 호르몬.

제가 아무런 생각도 없는 상태에서 고등학교를 졸업하고 성인이 되고 직장 생활을 하고 있는데, 갑자기 한 남자가 나타난 거죠. 그 남자가 생전 고민해 보지도 않았던 질문을 던지더라고요. 김옥란이란 사람에 대해서, 김옥란의 인생에 대해서요. 그때 '어? 사람들은 이런 고민을 하면서 사는구나' 하는 걸 알았어요. 나는 내가 누군지 관심도 없고, 돈 벌려고 회사를 다니기만 했지, 자존감도 전혀 없었거든요. 그런 상황에서 어떤 남자가 나타나 내 삶이 어떤 것인지 물어보고, 엄마의 삶에 대해서, 아내의 삶에 대해서 막 질문을 하는 거예요. 결혼도 하지 않았는데요.

아니, 내가 볼 때는 (객석에 있는 김현일에게) 저 사람도 자기 삶이 제대로 정리가 안 되었을 텐데, 뭘 그렇게 질문을 했을까?

그러게요. 그런 질문을 받으면서, '어, 이거 뭐지? 나는 내 삶에 대해서 한 번도 고민한 적이 없는데?' 하고 그때부터 달라 보였어요.

(의아한 표정) 저 남자가?

제 삶에 안개가 자욱했는데 남편을 만나고 살짝 안개가 걷히는 느낌을 받았어요. 그게 저 사람이 준 첫 번째 인상이었어요. 그러다 보니까 같이 이야기하고 싶어서 자주 만났죠.

어쨌든 제가 볼 때는… 달인이었다! 대화의 달인! 그렇게 봐야 할 것 같고요. 어쨌든 그래서 결혼을 했네요. 덜컥! 결혼하고 엄마가 되면서 어떤 변화가 있었나요?

결혼을 하고도 여전히 아버지의 부재와 결핍을 배우자에게서 찾으려고 했던 것 같아요. 남편의 보호 속에서 살았던 거죠. 남편이 좀 정의로운 사람이에요. 어려운 사람에게 밥 먹이고 하는 걸 좋아했어요. 저의 보호자 역할도 너무너무 잘해 줬고요. 언제든지 전화해서 부르면 3분 안에 나타났어요. 그러다 보니까 결혼 생활 하면서 남편을 많이 의지했어요.

남편에 대한 의존도가 굉장히 깊어졌군요.

네. 남편이 어디 가자고 하면 가고, 뭘 하자고 하면 하면서 살았죠.

남편을 만나기 전에는 집안의 여러 상황에 내가 없었고, 남편을 만나서 결혼을 한 뒤에는 아버지 같은 보호자를 만났지만 여전히 나는 없었네요.

여전히… 뭔가 허했어요. 남편이 죽으면 나는 또다시 내가 없어질 것 같은 느낌이 들었어요. 한번은 그림 치료를 받아 봤는데, 두려운 상황을 그려보라는 질문에 제가 관 속에 있는 남편을 그리고 있더라고요. 그래서 '아, 내가 남편의 죽음에 대해 엄청 무서워하고 두려워하는구나' 하고 생각했어요. 그때 저는 뭐든지 남편한테 의존했고 필요한 것은 다 요청했어요. 때로는 요청하기도 전에 다 해결되어 있기도 했고요. 남편의 죽음을 생각하는 것 자체가 저한테는 굉장히 큰 혼란이었어요.

현일 형제가 신혼여행 때 물어봤다면서요? 나 죽으면 어떻게 할 거냐고?
첫날밤에 물어보더라고요.

첫날밤에 이야기할 것도 많은데, 왜 그런 걸 물어봤을까요? 그래서 나 죽으면 어떻게 할 거냐는 질문에 뭐라고 답했어요?
나 다시 결혼할 거야. 그랬어요. (웃음)

첫날밤에 나눈 대화치고는 아주 이상한 대화네요. 하지만 충분히 이해할 수 있을 것 같아요. 그러니까 '나는 남편이 필요해. 나를 보호해 줄 수 있는 사람이 필요해. 그래서 당신이 죽으면 나는 재혼할 거야.' 참 희한한 커플이에요. 그래서 결혼하고 아이를 낳고, 그다음에는 엄마로서의 정체

나는 내가 누군지 관심도 없고,
자존감도 없었거든요.
스스로 나를 찾기보다는
의존하는 결혼 생활을 했고
의존하며 살아갈수록 나답지 않고
알 수 없는 불안과 외로움은 커져갔습니다.

성이 생겨났나요?

　남편이 계속해서 지켜준 루틴이 있는데요. 언제나 퇴근하고 들어오면 남편이 "짜잔!" 하는 이벤트를 했어요. 밖에서 어떤 일이 있어도 항상 집에 들어오면 환하게 웃으면서 "아빠 왔다!" 그랬어요. 아이들이 아빠를 좋아했고 저도 남편이 내 아버지인 양 해바라기처럼 바라보고 있더라고요. 그때 남편이 제가 엄마라는 것을 일깨워 줬어요. "당신은 엄마야! 우리가 사랑하는 딸들의 엄마고, 내 아내야." 이런 이야기를 많이 했어요. 그래서 두 딸에게 '아, 내가 엄마구나!' 하는 걸 깨달았어요. 제 부모의 부재와 어떤 결핍 때문인지, 제가 엄마와 아내의 역할을 한다는 것에 전혀 용기가 나지 않았어요. 결혼 생활도 어떤 기대감보다는 의존감으로 했기 때문에, 아이가 태어났을 때 아이조차 정서적으로 남편한테 맡겼어요. 그러다가 점차 아이들이 성장하면서 엄마의 역할, 아내의 역할을 찾아가기 시작한 거죠.

　가장 좋은 결혼은 '성장할 수 있는 관계'growing relationship나 '치유적 관계'therapeutic relationship입니다. 사람을 성장시키고 치유할 수 있는 관계가 가장 좋은 결혼인데, 옥란 씨가 그런 결혼을 했네요. 참 감사한 일이에요. 현일 형제, 고마워요!
　하지만 남편에 대한 의존도는 굉장히 강했네요.
　네. 계속 강했고, 그대로 있으면 안 될 것 같다는 고민도 많이 했어요.

그러다가 하나님을 만나는 계기가 생긴 거군요. 어떻게 하나님을 만나게 됐는지 이야기해 주겠어요?

2000년도에 서울로 이사를 오면서 옆집, 옆옆 건너편에 목사님 댁이 있었어요. 그리고 목사님 댁 지원이하고 우리 집 큰딸 지원이가 같은 어린이집을 다니고 있었고요. 같은 어린이집에 다니고 있을 때 선생님이 '김지원!' 하고 부르면, 엄마 둘이서 손을 들었어요. 그래서 '어? 김지원이 둘이구나' 하는 걸 알았죠. 우리 집 지원이를 데리고 집으로 가는데 계속 뒤따라오시길래 "집이 어디세요?" 물었더니, 저기 앞이라고 해서 같은 골목 건너편에 사는 걸 알았어요. 어느 정도 지나서 아이가 어린이집에 너무 가기 싫어해서 지원이를 안 보냈어요. 그때 사모님이 저한테 제안을 해 주셨어요. 우리 아이를 같이 키웁시다! 우리가 직접 음식도 해 먹이고 동화책도 읽어 주자고요. 그래서 우리 딸 둘하고 목사님 댁 남매하고 넷이서 '홍자두학교'를 시작했어요.

그때가 저에게는 너무 행복하고 소중한 추억이 됐어요. 처음에는 목사님인 줄도 모르고 그냥 잘해 주시는 동네 분이라고만 생각했어요. 그때는 교회 가자는 말을 한 번도 안 하셨어요. 그렇게 한 1년 가까이 흘렀을 때 뭔가를 오픈한다고 우리 부부를 초대했어요. 그래서 무슨 사업장을 오픈했나보다 해서, (청중의 웃음소리) 혼자 갔는데, 교회라는 것을 그때 알았죠. 대학로에 있는 정림빌딩 지하였는데 좀 낯선 느낌이었어요. 그때 옥한흠 목사님이 오셔서 말씀을 나누셨는데, 저는 누군지도 못 알아봤죠. 교회라고는 하는데 십자가도 없고 여기 뭔가 좀 이상하다 싶어서, 집에 가자마자 바로 남편한테 이야기했어요. "거기 이상한 교회 같다. 교회에 십자가도 없다. 어떡하지?" 그랬더니, 남편이 "가지 마!" 그랬어요. 그래서 창립 예배 때 인사치레로 한 번 가고, 그 뒤로는 안 갔어요.

그런데 어떻게 하나님을 만나게 되었어요?

그러다가 목사님께서 우리 부부를 집으로 초대해 주셔서 밥을 먹으러 갔어요. 그때 목사님께서 예배에 한번 오라고 하셨어요. 교회에서 술, 담배, 제사, 위선, 이런 주제로 예배를 드리고 있는데, 우리를 위해서 설교 말씀을 준비하셨다고. 워낙 우리 가족에게 잘해 주셔서 그러면 인사치레로 딱 한 달만 그 설교 시리즈 할 때만 가보자고 해서, 남편하고 그 교회를 갔어요. 그런데 남편이 그 설교를 듣고 나서 당장 세례를 받겠다고 하는 거예요. "어? 나는 잘 모르겠는데" 하니까, 남편은 "난 당장 세례를 받겠어. 하나님이 계신다는데, 이대로 죽으면 어떡해?" 그러는 거예요. 그래서 "그럼, 자기 먼저 알아봐" 그랬죠. 그 뒤로 남편이 계속 교회를 다니면서 목사님한테 세례 교육을 받고, 교회 다닌 지 한 달 만에 진짜 세례를 받았어요. 그런데 저는 남편이 계속 잘할까? 불안한 거예요. 얼마나 오래 갈까? 진짜 하나님을 만난 게 맞나? 하는 의심을 많이 했어요. 남편이 신앙 생활을 어떻게 하는지 한 6개월 정도 지켜봤어요. 그동안 저는 아무 생각 없이 교회만 갔다 오는 그런 사람이었고요.

… 그 이야기를 해도 될까요? 그 당시에 저희가 경제적으로 너무 어려웠어요. 생활이 너무 어렵다 보니까 제가 사모님한테 돈을 빌렸어요. 먹고

사는 문제 때문에 돈을 빌렸는데 한동안 돈을 못 갚았죠. 계속 미루고 미루고 송구하고 죄송하고. 그래서 제가 주눅이 많이 들었어요. 그때 메일이 한 통 왔어요. 사모님이 보내주신 메일인데 '김옥란은 나에게 빚을 진 게 없다.' 빚을 탕감해 주는 메일을 받은 거예요. 메일을 받고 기분이 굉장히 묘했어요. 좋기도 하고 부담스럽기도 하고. '이건 뭐지? 도대체 하나님을 믿는 사람들은 어떻게 이런 마음을 품을 수가 있지?' 하는 생각이 들었어요. 그때부터 성경책을 보고 고민하기 시작했어요. 아, 이런 여유로운 마음. 나는 내 존재의 가치조차도 발견하지 못하는 사람인데, 다른 사람의 가치를 알아보고 그 사람의 존재를 존중해 주는 것은 어떻게 가능할까? 그 때 빚을 탕감 받았던 사건을 통해서 제가 하나님한테 가까이 가는 계기가 되었어요.

남편이 먼저 세례를 받고, 계속 교회를 다니며 관계를 맺다가 이런 사건을 통해서 마음이 점점 열린 거네요. 그러면서 하나님에 대해 공부도 하게 되고, 결국에 2002년 4월에 세례를 받게 된 거죠? 옥란 씨 고백문의 뒷부분이 너무 좋은데 20년 전 고백이지만 다시 한번 읽어 볼까요?

"엄마로부터 분가를 하고 결혼도 했습니다. 저에게 결혼이란 건 정말 새로운 삶이었습니다. 육신의 아빠에게 받지 못한 사랑의 결핍을 채우고 싶어서 남편에게 나에 대한 사랑을 확인하고 또 확인하고. 하지만 아버지에게 느낄 수 있는 그런 사랑은 아니었습니다. 나를 사랑해 주는 남편과 아이들은 늘 내 곁에 있지만, 나의 마음은 바람에 못 이겨 흘러가는 구름 같았고, 내 마음의 중심까지 흔들릴 수밖에 없는 연약한 구름이었습니다. 스스로 나를 찾기보다는 의존하는 결혼 생활을 했습니다. 의존하며 살아갈수록 나답지 않고 알 수 없는 불안과 외로움은 커져갔습니다.

어느 날, 우리 가족에게 누군가 문을 두드립니다. 우리 가족은 문을 열었습니다. 그 분은 눈으로 볼 수 없는 사랑이 가득 담긴 선물을 우리가 문을 열자마자 나의 마음속 깊은 곳에 심어 놓았습니다. 아무런 조건 없이. 늘 사랑이 부족하고 늘 외로운 나를 이제는 누군가 잡아주고 계십니다. 서른이 넘어서야 만나게 된 하나님. 저에게 주님은 사랑을 가르쳐주셨습니다. 받기만 하는 사랑이 아니라 베푸는 사랑을. 문을 열어 받은 그 선물 안에는 주님의 사랑법, 바로 주님의 가르침이 들어 있었습니다. 아버지! 나도 너무나 편한 내 아버지를 찾았습니다. 저에 대한 사랑, 너무나도 깊고 큽니다. 조건 없는 하나님의 사랑을, 하나님 품에 안겨 한껏 기쁨을 맛볼 수 있도록 허락하여 주소서."

이렇게 세례를 받았습니다. 김옥란 김현일 부부는 저한테 참 소중해요. 교회가 아닌 길거리에서 만나서 복음을 전한 첫 번째 커플입니다. 사실 저는 김옥란 자매의 고백문을 읽고서 많이 울었어요. "나도 내 아버지를 찾았습니다." 그 이야기를 들으면서 '아, 정말 그랬겠다! 아버지 없이 평생을 살았는데, 하나님이 아버지가 되어주셨구나!' 그래서 저도 너무 기뻤어요. 예수님을 만나고 난 다음에 아마도 인생이 점점 변하기 시작했을 텐데요.

어떤 변화가 가장 큰 변화였어요?

10년 동안 육아를 하다가 아이들이 초등학교를 가니까 제 시간이 많이 남는 거예요. 그래서 작은 돈이라도 벌어서 살림에 보탬이 되려고 아르바이트 면접을 봤어요. 면접을 보는 그날, 회사 이사님이 직접 면접을 보시는 거예요. 아르바이트생을 뽑는데 왜 이사님이 면접까지 볼까, 생각하면서 면접을 봤어요. 그런데 다음 날 전화가 와서 '이 일은 아르바이트로 하기에는 너무 복잡한 일이라서 정직원을 뽑아야겠다. 혹시 정직원으로 일할 수 있느냐?' 하고 묻는 거예요. 저야 너무 감사했죠. 그래서 당연히 '일하겠습니다!' 대답하고, 바로 그 회사 정직원이 됐어요.

와. 놀랍네요. 결혼한 뒤에는 계속 집에만 있었잖아요. 직장 일도 전혀 안 했고요. 어떻게 보면 아이들 육아를 하면서 남편 뒤에 조용히 숨어서 지냈던 건데… 그때 가정교회를 할 때도 주로 남편이 이끌었나요?

네. 목자 역할을 할 때도 늘 남편 뒤에 숨어 있었어요. 남편이 찬양 인도 하세요. 말씀 요약도 하세요. 기도도 하세요. 이렇게 남편에게 시키기만 했어요. (웃음) 남편이 "그럼 당신은 뭐 할래?" 하고 물어서, "난 맛있는 밥 해줄게!" 이렇게 말하고, 열심히 밥만 짓고 남편 뒤에 숨어서 목자를 했죠.

예수를 믿은지 얼마 안 되어 가정교회를 시작했고, 또 가정교회 목자를 하기는 했지만 여전히 남편 뒤에 숨어 있었군요.

네, 그때만 해도 공동체에 대해 잘 몰랐어요.

다시 회사 이야기로 돌아가면, 하나님의 사랑을 받긴 받았지만 아직은 어떤 독립적인 존재로 존재하지 않았던 그런 시기에, 아르바이트를 하려고 갔다가 회사 정직원이 됐어요. 진짜 그 회사 분들, 참 이상해요. 경력도 없는 사람이 아르바이트 하러 온 건데, 그 사람을 정직으로 뽑는다? 뭔가 착각한 거 아니에요? 어떻게 그런 일이 있을 수 있죠?

저를 소개해 주신 분이 가정교회 식구였어요. 그래서 좋게 봐주셨는지도 모르죠. 제가 일하기 시작한 회사가 무역회사였어요. 외국 바이어하고 메일을 주고받는 것도 챙겨야 하고, 일처리도 영어로 해야 하는 상황이었어요. 저는 영어를 모르는데 날마다 영어 메일을 확인해야 하는 상황이 벌어진 거예요. 그래서 처음에는 '이 회사가 날 뭘 믿고 뽑은 거지?' 하는 생각도 들었어요. 10년 동안 살림만 하다가 갑자기 회사에 들어갈 수 있었던 것은 하나님의 인도하심이라고 생각했어요. 정말 불가능한 일을 가능케 하는 하나님이시구나. 그렇다면 내 역할은 뭐지? 그래서 열심히 업무 매뉴얼도 만들고, 인도네시아에 회사 오피스가 있어서 인도네시아어도 틈틈이 배웠어요. 그러면서 조금씩 조금씩 회사에서 인정을 받았고 12년 동안 근무를 했습니다.

와! 이거 박수 한번 쳐야 하지 않나요? 옥란 씨만이 아니라 모든 사람에게 이런 잠재력이 있어요. 그런데 피어나지 않은 채로 인생이 끝나는 사람들도 너무 많죠. 옥란 씨가 어느 날 하나님을 만나고, 자기 자신에 대한 자화상이 건강해지고, 그러다가 가정교회 식구의 도움으로 10년 동안 육아만 했던 사람이 말도 안 되게 회사의 정직원으로 들어가고, 마침 거기서 옥란 씨의 숨어 있던 잠재력이 막 드러나고 성장하게 된 것. 단순히 옥란 씨 혼자 노력해서 이 모든 게 가능했다고 해석하기 어려운, 하나님의 선한 이끄심이 있는 거죠.

네. 맞습니다.

인생이 바뀌는 참 놀라운 만남입니다. (살짝 다가가) 12년 동안 일을 했으니 돈도 좀 벌었겠어요?

네. 일하면서 인정도 받고, 승진도 계속했어요. 인센티브를 받는 직위까지도 올라갔고요.

오호! 남편 앞에서 목소리가 좀 커졌겠네요.

남편은 그때 바하밥집 대표 일을 열심히 했어요. 저는 밥집에서 재정이 어려울 때 조금 도와주는 정도였고요. 무엇보다 아이들 교육에 많은 보탬이 되어서 무척 신났어요. 그동안 제 존재를 인지하지도 못 하고 살았잖아요. 그런데 이제는 '가정에서 내 존재가치가 이런 거구나', '사회에서도 내가 이런 사람이구나' 하는 걸 발견한 거죠. 가정교회를 하면서도 '아, 하나님의 자녀로서 나는 이런 존재구나', '하나님께서 나를 특별한 나로 만들어 주셨구나' 하는 걸 깨달았고요. 그동안 내가 살아온 어려움 때문에 내가 보이지 않았고, 안개 속에 가려져 있는 시간이 많았는데, 그것을 헤치고 나오면서 정말 신나게 일하고 살았던 것 같습니다.

그러면 가정교회는 어땠어요?
가정교회는 아까 말씀 드린 것처럼 처음에는 너무 어려웠어요. 그래서 남편 뒤에 숨어서 남편이 다 알아서 해 주기를 바랐는데, 어느 순간 가정교회에 이런저런 일들이 생겨났어요.

공동체는 언제나 그렇죠.
목자로서 제가 움직이지 않고 남편 혼자 다 하다 보니까, 남편이 점점 지쳐갔어요. 그래서 내가 더 이상 빠져 있으면 안 되겠다고 생각해서 가정교회 식구하고 일대일 신앙훈련을 시작했어요. 교재로 『풍성한 삶의 기초』를 사용했는데, 공부하면서 하나님과의 관계, 자신과의 관계, 공동체와 관계, 또 세상과의 관계를 다 살펴보게 되잖아요. 그러니까 신앙훈련을 반복하면 할수록 내가 해야 할 역할이 보이는 거예요. '아, 내가 목자로서 내 역할을 방임하고 있었구나!' 하는 생각이 들었고요. 그때부터 좀 더 적극적으로 행동을 했어요. 그래서 일대일 신앙훈련도 적극적으로 하고, 가정교회 식구들도 개별적으로 찾아가서 만나고, 가정교회 예배를 할 때 기도도 자주하고, 말씀 요약도 하면서 그전에 안 했던 것을 점차 점차 연습하면서 늘려갔죠. (웃음)

옥란 씨 이야기를 쭉 들으니까, 한 사람의 자기 정체성이 점진적으로 성장하는 모습을 볼 수 있네요. '내가 없었던 내가, 내가 누군지 알아가는 나'로 변하는 모습이 반갑고 놀랍습니다.

그러다가 갑자기 회사는 왜 그만두었어요? 돈도 잘 벌었는데.

저는 이 회사를 정년퇴임 할 때까지 다닐 생각이었어요. (웃음) 그런데 다른 한쪽으로는 바하밥집 사역을 도우면서, 밥집 스태프들 사이에서 벌어지는 끈끈함과 그곳의 은혜가 부러운 거예요. 질투도 나고. 밥집 MT에 가서 사역에 대한 이야기를 나누면, 그곳에서는 지금 하나님의 은혜와 역사가 일어나고 있는데, 저는 한 발짝 떨어져서 바라보고 있는 느낌이었어요. 또 다른 세상의 영역에서 저의 능력을 발휘하고 있지만, 밥집 식구들과도 함께하고 싶은 마음이 있었어요. 제가 회사를 12년 동안 다닌 것은 하나님께서 그곳으로 인도해 주셨기 때문이어서 회사를 그만두는 것도 저 혼자만의 생각이 아니라 공동체와 함께 결정하려고 했어요. 그러다가 2017년에 남편이 갑자기 공황장애로 쓰러졌어요. 밥집 사역을 하면서 안식년도 없이 계속 일하다 보니까 지쳤던 것 같아요. 그때 제가 함께해야겠다고 결정하고, 남편이 공황발작을 한 첫날에 회사에 가서 "저 퇴사하겠습니다!"라고 이야기했어요.

나들목교회가 했던 사역 가운데 참 감사한 것 중 하나가 도시 빈민을 도왔던 바하밥집이에요. 사역 초기부터 오랜 기간 많은 어려움을 겪으면서 밥집 사역을 했는데요. 나중에는 정신적으로 어려운 친구들하고 함께 사

어느 날, 우리 가족에게
누군가 문을 두드립니다.
그 분은 눈으로 볼 수 없는
사랑이 가득 담긴 선물을
문을 열자마자,
나의 마음속 깊은 곳에
심어 놓았습니다.

는 바나바하우스 사역으로 확장하면서, 결국 김현일 형제가 병이 났어요. 공황장애가 온 거죠. 사랑은 결코 쉬운 게 아닌 것 같아요. 자기를 깎아서 남을 주는 거죠. 그러다 보니 남편 현일 형제가 점차 병이 들었고, 그 사이에 하나님은 옥란 씨를 준비시키셨네요. 그래서 전격적으로 회사를 그만두고, 밥집 사역에 합류했어요. 전격적으로 결정하는 게 남편을 닮았어요. 원래 그렇지 않았는데.

원래 저는 선택이나 결정을 모르는 사람이었고―

그렇죠. 내가 없었으니까.

네, 누가 하라고 하면 하고, 하지 말라고 하면 안 하고, 그런 사람이었어요. 그러다 퇴사하고 바로 사역에 뛰어들었는데, 제가 아무것도 모르는 거예요. 그동안 바하밥집이나 고립 청년들을 위한 사역을 했지만 제대로 된 사회복지 체계가 없었기 때문에, 우선 사회복지가 궁금했어요. 그래서 퇴직하면서 동시에 대학 입학원서를 썼습니다. 사회복지가 어떤 것인지, 내가 현장에서 어떤 역할을 해야 하는지를 공부하려고 사이버대학교에 입학원서를 냈어요.

나는 옥란 씨가 좋은 회사를 그만두고 사회복지를 공부한다고 해서, 처음에는 '왜 그럴까?' 하고 잠시 의아했어요. 그런데 나중에 보니 사회복지 공부도 굉장히 잘했고, 학교에서 학교 홍보 영상을 만들 때 옥란 씨를 썼더라고요. 옥란 씨의 변화가 놀라운데요. 또 하나 놀라운 것은 회사 퇴직금을 받아서 재미있는 일을 했다고요?

2018년에 대학교를 들어가고 그해 여름 방학 때였어요. 회사 퇴직금을 받은 게 있었는데, 12년을 다니니까 조금 많더라고요. 목돈이 생기니까 예전에 탕감받은 게 자꾸 떠올랐어요. 갑자기 생겨난 큰돈을 어떻게 쓸까 고민을 했죠. 원래 제가 돈을 잘 못 써요. 항상 남편이 뭔가 저지르면 제가 뒷감당을 했거든요. 제가 돈을 못 쓰고 '어떡하지? 어떡하지?' 고민하니까, 남편이 해맑은 얼굴로 "그 돈 어떡할 거야?" 하고 묻더라고요. 그래서 "글쎄 이제 생각해 봐야지"라고 말하고, 일단 제가 가장 좋아하는 게 잠이어서 아주 좋은 침대를 하나 샀고요. 나머지 돈으로 시애틀에 갔습니다.

시애틀요?

딸아이가 그때 캐나다에 있을 땐데, 한 달 동안 시간을 내서 두 주는 아이하고 놀고, 두 주는 기관 탐방 출장을 갔어요. 시애틀에 있는 사회복지 기관 서너 곳을 탐방했습니다. 우리 밥집 스태프들하고 남편하고 작은딸, 그리고 통역을 봉사해 줄 형제하고, 사회복지 기관 탐방을 하면서 지금 일하고 있는 리커버리센터에 대한 많은 영감을 받고 왔습니다.

빈민 사역을 굉장히 전문적으로 하는 곳들이 있거든요. LA나 시애틀이나 워싱턴 같은 도시에 몇 군데 있어요. 그런 곳에 가서 한번 보면 많은 것을 배울 수 있죠. 그때 경험이 큰 도움이 되었나요?

네. 가서 보니까 민간단체가 기업 후원을 받아서 사역을 잘 하고 있었어

요. 청년들에게 일자리만 제공해 주는 것이 아니라 인간이 가지고 있는 행복과 존엄을 우선으로 생각하고 있더라고요. 여러 기관을 찾아가 미팅하면서 일하는 노하우와 기관 운영의 어려움, 그리고 기술적인 부분에 대한 이야기도 잘 듣고, 기관 건물 인테리어까지 세세하게 지켜봤어요. 미팅하는 과정에서 많은 공부를 했던 두 주간이었습니다.

(흐뭇한 웃음) 지금 이야기하면서 느끼는 건데 옥란 씨가 진짜 다른 사람이 되어 있네요. 이미 이 분야에 대해서 자신도 있고, 애정도 있고, 열정적으로 이야기하는 모습이 '야, 이 사람 진짜 많이 변했다!' 하는 생각이 들어요. 리커버리센터 사역을 하면서 본인에 대해서 새롭게 알아가는 것도 있지 않아요? 리더로 실제 사역을 해 보니까 어때요?

제가 어려서부터 자존감도 없고 잘 위축돼서 약한 사람인 줄 알았어요. 그런데 이 사역에 뛰어들고 열정이 생기면서, 제 성향이 '어, 내가 이런 사람이었나?' 싶을 정도로 굉장히 권위적이더라고요. 제가 리더가 되니까 원하는 방향으로 스태프가 안 따라오면 막 누르는 거예요.

김옥란이? 와!

네. 항상 주눅들어 있고 할 말도 잘 못해서 아예 말을 안 해버리는 스타일인데, 갑자기 내 일을 찾아서 어떤 위치가 되고 나니까 굉장히 권위적인 저를 발견한 거죠. 그래서 2-3년 사역을 하면서 굉장히 힘들었던 여러 사건이 있었어요. 그러면서 '우리 인생은 광야 위에 있구나', '하나님은 나를 광야에 두셨구나' 하는 걸 깨달았어요. 거기서 내가 어떻게 살아 내고 어떻게 감당하고 어떻게 하나님 뜻을 발견하는지, 그것을 찾는 것은 내 몫이구나 생각했어요. 그리고 일이 중요한 게 아니라 사람이 중요하다는 걸 하나님께서 가르쳐 주셨어요. 사역을 하면서도 왜 하는지, 진짜 목적이 무언지, 하나님께 기도할 때마다 저에게 성찰할 수 있는 은혜를 주셔서, 일보다 사람을 더 보게 하셨어요.

그것을 끝까지 못 배우는 사람들도 있어요. 사람이 안 보이고 끝까지 일만 보이는 거죠. 이건 단순한 이야기가 아니라 굉장히 중요한 성찰입니다. 하나님께서는 옥란 자매… 인터뷰 설교 처음 시작할 때는 옥란 씨라고 했는데, 이제는 옥란 자매라고 해도 될 것 같아요. 하나님은 옥란 자매를 계속 빚어가고 계시네요. 최근에 부담도 되지만 좋은 소식이 있다고 들었는데요?

사회복지 공부를 끝내고 나서도 제가 섬기고 있는 리커버리센터가 이 시대에 꼭 필요한 사역이라는 확신이 들었어요. 그래서 사회적으로 계속 활동도 많이 하고, 토론회도 나가고, 자문을 요청하는 모임에도 나갔어요.

스크린 위로 김옥란의 센터 사역 활동이 보인다. 리커버리센터 안에서 여러 청년들과 함께 찍은 사진, 서울시의회 토론 사진, 자신감 넘치고 열정적인 모습.

나름 이 분야에서 굉장히 중요한 선두 리더가 됐어요. 텔레비전에도 몇 번 나오고, 여러 상도 받고…….

'아, 하나님의 자녀로서
나는 이런 존재구나'
'하나님께서 나를 특별한 나로
만들어 주셨구나' 하는 걸 깨달았고요.
그동안 안개 속에 가려져 있는
시간이 많았는데,
그것을 헤치고 나오면서
정말 신나게 일하고 살았던 것 같습니다.

그런데 세상은 전문성을 따지더라고요. 제가 학문적으로 많이 배우진 못했지만, "저는 현장 경험이 있어요", "우리도 임상과 통계가 있어요"라고 이야기해 봤지만, "그래서 네가 뭔데?" 이런 공격을 자주 받았어요. "그래? 그럼 내가 또 공부하지, 뭐!" 그래서 대학원에 입학원서를 넣었어요. 공부가 굉장히 부담스럽고 기억력도 부족해서 걱정이 많았는데 지난주에 결과가 나왔어요. 합격했습니다. 학비는 대학원이라 좀 비싸더라고요. 대학교는 국가장학금으로 다 됐는데, 대학원은 그게 없어서 고민이 되지만 채워주시겠지요.

네. 지금까지 그런 배짱으로 살았으니까요. 하나님은 이런 분인 것 같아요. 지금까지 여러분이 듣고 보신 것처럼, 아버지를 제대로 보지도 못하고 자란 한 아이, '자기'라는 것이 없었던 한 친구가 20년 정도를 지나면서 하나님을 찾고, 자기 자신을 찾고, 자기 소명을 찾아, 세상과 이웃을 섬기며 살아가는 한 사람으로 당당하게 서 있게 하신 하나님. 하나님은 그런 분이십니다.

… 두 딸들은 이런 상황에서 잘 컸나요? 쉽지 않았을 것 같은데. 어릴 때부터 엄마 아빠가 돌보는 사람들이 집에 와 있고, 아빠는 밤낮 좋은 일 한다고 밖으로 퍼주기만 하고. 아이들은 괜찮았나요?

저와 남편의 교육철학이 좀 비슷해요. 아이들도 해맑게 잘 자라줬고요. 아이들이 어렸을 때 우리가 경제적으로 꽤 힘들었는데 '아이들이 그걸 기억하면 어떡하지?', '빈곤을 기억하면 어떡하지?' 하고 걱정을 많이 했어요. 나름대로 우리는 만족하면서 재미나게 살았지만요. 한번은 제가 아이들에게 물어봤거든요. "옛날에 너희 어렸을 때 우리가 좀 가난했다" 그랬더니, "그랬어?" 대수롭지 않게 이야기를 하는 거예요. 그래서 다행이라고 생각했고요. 사역 때문에 챙겨주지 못한 부분은 굉장히 많이 미안하죠.

<small>화면에 두 딸과 함께 찍은 사진. 20대 청년이 된 딸들이 밝은 표정으로 웃고 있다.</small>

두 딸은 엄마 김옥란을 어떻게 생각할까요? 제가 두 딸에게 영상을 보내달라고 부탁해서 받았습니다. 영상에 어떤 고백이 담겨 있는지, 한번 볼까요?

김지원(첫째 딸)
"안녕하세요. 김옥란 김현일 부부의 첫째 딸입니다. 아버지가 사역을 하는 건 저희 가족 모두가 당연하게 생각했던 것 같아요. 아버지는 원래 남들을 적극적으로 도와주는 분이셨고, 그런 일을 자신의 사명으로 생각했기 때문에, 저희도 그렇고 다른 사람들도 그렇고 '아버지는 언젠가 사역을 하시겠다' 생각했어요. 어머니는 그냥 아버지 사역을 옆에서 지켜보고 도와주고 보조하는, 그런 사람으로 인식했던 것 같아요. 그런데 어머니가 직장을 그만두고 자신의 사역을 시작한 이후부터는 '아, 우리 엄마가 이렇게까지 능동적이고 주체적인 사람이었나' 싶을 정도로 다른 모습을 보여주더라고요. 이전에는 그냥 한 사람의 회사원, 그냥 한 명의 어머니, 그냥 자신에게 주어진 일만을 해내는 수동적인 사회의 일원으로만 여겼다면, 지금은 단순한 사회의 일원이 아니라 이 사회를 굴러가게 만드는 중요한 사람 가운데 한 사람으로 인식이 되더라고요. 그리고 '김옥란'이라는 한 사람의 정체성도 굉장히 뚜렷해진 것 같아서 엄마가 멋있고 보기 좋아요."

김지민(둘째 딸)

"안녕하세요. 저는 김현일 김옥란 목자의 둘째입니다. 저는 어렸을 때부터 집에 부모님이 아닌 모르는 사람들이 집에 와 있는 환경이 되게 익숙했어요. 왜냐하면 제가 태어났을 때부터 그런 환경이었거든요. 사실 많이 불편하고 싫고, '왜 우리 가족은 다른 친구 집처럼 가족끼리만 살지 못하지?' 이런 생각도 했어요. 그런데 지금 생각해 보면 제가 새로운 사람을 만나거나 어떤 분위기를 풀어나가는 역할을 할 때, 어렸을 때부터 체득한 경험이 지금의 인간관계에서 아주 큰 도움이 되고 있어요. 지금 생각해 보면 진짜 많이 감사해요. 제가 사춘기 때부터 20대 초반 때까지만 해도 엄마 아빠를 보면서, 물론 너무 너무 존경하고 대단한 일을 하시는 분들이지만, '나는 저런 일 안 해야지', '커서 남 좋은 일 안 해야지', '나는 돈 버는 일 해야지'라고 생각했어요. 그런데 어쩔 수 없이 제가 보고 자란 것들이 있었기 때문인지, 저도 사회에서 소외되어 있는 사람들한테 관심이 가더라고요.

처음에는 굉장히 부정했는데, '아, 나도 어쩔 수 없이 보고 자란 게 있구나'라는 걸 깨닫고, 지금은 그쪽 관련해서 공부를 하고 있습니다. 어떻게 보면 나의 관심사와 환경이 일치하고, 또 공부하는 데 여러 도움을 받을 수 있어서 많이 감사해요. 지금 우리 가족이 여기까지 온 것은 엄마 아빠가 잘해서, 우리 가족이 많은 노력을 해서, 언니랑 내가 어릴 때부터 협조를 잘해서가 아니라, 우리 주변에 있는 분들의 도움과 분명하고 선명한 하나님의 인도하심이 있었기 때문에 가능했다는 것을 이제는 좀 알 것 같아요."

이 영상은 미리 안 보여줬거든요. 지금 처음 봤는데 기분이 어때요?

어… 너무 감사하네요. (눈물을 닦으며) 이렇게까지 엄마 아빠에 대해서 표현한 적이 없었거든요. 언제나 묵묵하게 엄마 아빠를 지켜보기만 했는데. 어우, 너무 대견한데요. 무엇보다도 하나님께서 지금까지 우리 가족을 지켜주신 게 너무 감사해요. 아이들 걱정을 많이 했는데 이만큼 자라게 해 주셨네요. 제가 더 열심히 잘 살아야겠다는 생각이 들어요.

우리 지원이와 지민이가 이렇게 컸나 싶어서 저도 깜짝 놀랐네요. 너무 너무 감사합니다. 그래요. 나이가 지금 한 오십쯤 됐죠?

네. 쉰하나, 쉰둘…….

예수님을 만난 지 20년이 좀 넘었어요. 또다시 20년이 지나면 칠십 대 초반이 될 텐데, 지금까지 걸어온 세월만큼 또 지나가면 김옥란 자매는 어떤 모습이 되어 있을 것 같아요?

한 사람의 평생을 빚어가는 하나님이시잖아요. 제 나이 팔십에도 여전히 저를 새롭게 빚어가시겠죠. 그때 제가 속한 공동체에서 좋은 어른으로 존재하기를 소망하고요. 그런 삶을 살도록 계속해서 저를 찾아가고 성장하며 살겠습니다.

옥란 자매가 팔십이 되었을 때 저는 구십이 넘을 텐데 그 모습을 볼 수 있을지 모르겠지만, 하나님께서 우리 옥란 자매를 지금까지 인도하셨던 것처럼 앞으로도 빚어가실 겁니다. 옥란 자매 인생 가운데에서 일하신 하나님께 감사의 마음을 표현하면 어떨까요?

사람들은 자신이 별 볼 일 없다고 생각해요. 사실 인간은 별 볼 일 없는 존재가 맞습니다. 그래서 사람들이 아무 생각 없이 살게 되면 자기 존재를 찾지 못해요. 제가 몇 주 전에 가족과 미국 여행을 하면서 자동차로 아주 넓은 광야를 지나간 적이 있어요. 광야를 달려가는데 중간중간 덤불들이 보이더라고요. 우연히 어쩌다가 이 마른 땅에 생겨난 저 덤불은 살겠다고 아등바등하다가 어느 날 죽어서 없어질 텐데, 그 덤불과 내가 뭐가 다른가 이런 생각이 들었어요. 나도 거대한 우주 속에는 덤불보다 더 작잖아요. 그런데 나는 왜 이렇게 아등바등 온갖 고뇌를 하면서 살아가는가? 덤불이 저 광야에서 살아남으려고 애쓰고 살다가 죽는 거랑 뭐가 다른가? 이런 생각이 들더라고요.

그러다 차를 몰고 가면서 이런 생각이 떠올랐어요. 만약에 내가 하나님과 아무런 관계가 없다면, 하나님이 내 삶에 아무런 의미를 주지 않았다면, 나는 저 광야의 덤불과 다를 바가 없구나. 내가 아무리 치열하게 살고 고뇌하고 번뇌해도 어마어마하게 큰 세상의 극히 작은 일부로 살다가 사라지는 미약한 존재구나. 아, 그런데 나는 하나님과 관계가 있구나. 그 분이 나를 부르셨고, 나를 통해서 일하셨고, 지금도 일하고 계시고, 앞으로도 일하시겠구나.

옥란 자매의 인생 이야기를 들으면서도 그렇다는 생각을 다시 합니다. 우리를 만든 존재, 절대적인 존재, 우주를 이끌어가는 존재가 과연 없다면, 그냥 살다가 죽으면 되죠. 팔자에 맞춰서. 그게 전부라면요. 하지만 그분이 계시고, 그분이 나를 지독하게 사랑한다는 것을 알게 되면, 우리의 삶은 완전히 달라질 겁니다. 이 놀라운 사실을 말과 이론만이 아니라, 방금 이야기 나누었던 옥란 자매의 20년의 삶을 들여다보면, 작은 한 사람을 사랑하시고 부르시고 빚어가시는 하나님을 볼 수 있습니다. 빌립보서 2장 12-13절을 보겠습니다.

두렵고 떨리는 마음으로 자기 구원을 이루어 나가십시오. 하나님은 여러분 안에서 활동하셔서 여러분으로 하여금 하나님을 기쁘게 해 드릴 것을 염원하게 하시고 실천하게 하시는 분입니다.

하나님은 어떤 분일까요? 그분은 일하시는 하나님입니다. 제가 아는 하나님은 그렇습니다. 그리고 옥란 자매의 삶 속에 나타난 하나님도 성실하게 일하시는 하나님입니다. 여러분 가운데에서도 하나님은 일하고 계십니다. 일하고 계세요. 하나님이 우리 속에 어떤 마음을 주시느냐면, 하나님을 알아가면 알아갈수록 소원하도록 하십니다. 염원하게 한다는 것은 소망이 생기게 한다는 겁니다. 꿈을 갖게 한다는 겁니다. 하나님은 우리가 꿈을 갖게 하십니다. 그리고 꿈이 조금씩 확장되어서 실천할 수 있도록 실제로 하나님은 일하십니다. 사람들은 하나님이 이 세상 속에서 무슨 일을 하냐고 물어봐요. 하지만 하나님을 알아가기 시작한 사람들은 다른 건 몰라도 '그분은 내 안에서 일하고 계셔!', '나를 변화시키고 계셔!', '나를 꿈꾸게 하셔!', '내가 한 걸음씩 걸어갈 수 있도록 인도하셔!'라고 이야기합니다.

이 놀라운 일이 아무에게나 이루어지는 일일까요? 그렇지 않습니다. 먼저 하나님을 알아야 합니다. 그렇다면 어떻게 하나님을 알 수 있는지, 그 하나님이 과연 나한테 어떤 관심이나 있는지, 물어보는 분이 계실 겁니다. 지금 여러분이 이 이야기를 듣고 있는 것은 결코 우연이 아닙니다. 만약에 이 인터뷰 설교를 책으로 읽고 있다면, 그것은 지금 하나님께서 여러분을 찾아가고 계시는 겁니다. 또 한 번 여러분에게 하나님께서 손을 내미시는 겁니다. 여러분은 그걸 무시할 수 있습니다. 그러면 그만큼 또 세월이 흘러가겠죠. 하지만 하나님은 또 다른 모습으로 여러분을 찾아가실 겁니다. 물론 그 기간만큼 여러분의 인생은 하나님 없이 지나가겠죠. 그래서 여러분에게 먼저 권하고 싶은 것이, 하나님이 누구인지를 아는 것입니다. 모르는 신이 우리 가운데 와서 무슨 일을 하겠어요? 그건 귀신이지. 기독교는 그런 종교가 아닙니다. 하나님이 어떤 분인지를 끊임없이 하나님 스스로 설명하고 있는 종교입니다. 여러분 가운데 아직 하나님과 관계가 없다면, 진지하게 하나님에 대해서 알아보십시오. 제가 쓴 『풍성한 삶으로의 초대』나 『하나님 나라의 도전』 같은 기독교 입문서를 읽어 보세요. 그냥 막 믿으려고 애쓰지도 마십시오. 모르는 걸 어떻게 믿습니까? 먼저 하나님을 진지하게 알아가고 그 다음에 결정하셔도 됩니다.

이런 과정을 통해 하나님을 알게 된 분이 계시다면 다음 이야기를 잘 아셔야 합니다. 빌립보서 2장 12-13절을 보면, '하나님이 우리 가운데 소원을 두고 일하게 하신다'라고 말씀하면서, '하나님을 기쁘시게 해 드릴 것을 소망하게 한다'라고 해요. 우리에게는 온갖 소망이 있어요. 온갖 욕망이 있습니다. 그 가운데 하나님을 기쁘게 하는 소망, 그 열망을 따라갈 때, 우리 삶이 꽃핍니다. 기억하십시오. 하나님은 여러분을 불행으로 이끌지 않으십니다. 여러분을 꽃피우게 하십니다. 그러나 나 자신만 꽃피우고 싶은 욕망은 하나님을 기쁘게 하지 않습니다. 하나님은 우리 모두가 함께 잘 살 수 있는, 그 가운데 내 인생이 꽃필 수 있는 꿈을 꾸게 하세요.

여러분 가운데 누군가 그리스도인이 되셨다면, 하나님이 원하시는 걸 잘 아셔야 합니다. 하나님은 여러분을 착취하지 않습니다. 하나님은 절대 여러분을 이용하지 않습니다. 여러분이 있는 곳에서 가장 아름답게 꽃피우도록 이끌어 가실 겁니다. 그 하나님에 대해서 질문하고 알아가십시오. 그러지 않고 여전히 세상의 가치와 세상의 방법을 좇으면서 하나님을 갖다가 여러분의 도구나 보험으로 쓰려고 하는 분들은, 하나님이 여러분 가운데 일하시는 것을 경험하지 못할 것입니다. 하나님은 그렇게 이용당하는 분이 아닙니다. 그분은 사람이 이용할 수 없는 신입니다. 하지만 정말 진실하게 하나님을 찾는다면 여러분은 하나님을 만날 겁니다.

위 본문 앞 절인 12절에 보면, '두렵고 떨림으로 네 구원을 이루어 나가라'라고 적혀 있어요. 구원이 뭡니까? 단순하게 죽으면 천당 가는 입장권입니까? 그건 기독교를 천박하게 소개하는 겁니다. 그리스도인이 된다는 것은 구원을 우리 속에서 이루어가는 것입니다. 하나님을 알게 되는 것, 하나님을 통해서 나를 알게 되는 것, 하나님을 통해서 내가 살아야 할 삶에 대해서 알게 되는 것, 그리고 하나님을 통해서 내가 사랑해야 할 사람들을 알게 되는 것, 그래서 이 세상에서 나의 몫을 찾아가는 것, 그러면서 점점 내가 나 자신도 놀랄 만큼 성장해 가는 것, 그리고 마지막 날에 주님을 만날 때 완전하게 드러날 황홀한 구원! 이게 구원입니다. 지금 여기 계신 모든 분이 그런 구원을 누리실 수 있어요. 하나님은 저와 여러분을 오늘도 빚어가길 원하십니다. 여러분 모두가 꽃피워가기를 원하십니다. 내가 없었던 내가, 건강하고 의미 있는 나로 충만하기를 하나님은 원하십니다. 그 축복을 여러분 모두가 누리기를 바랍니다.

진정한 환대와
사랑을
경험하다

김민영 2007년 6월 10일 세례(나들목교회), 작곡가, 위스테이별내사회적협동조합 돌봄위원회 위원, 나들목동행교회 별가람가정교회 언약가족, 딸과 함께 노래하는 엄마이자 남편과 함께 걷는 아내, 공동체와 더불어 이 땅에서 '아픈 사람'도 괜찮을 수 있는 영원한 그 나라를 꿈꾸는 사람, 위스테이별내사회적협동조합 조합가 <우리 함께 살아봐요>, 나들목교회 찬양 <복이라>, <주님의 인자가 흐르는 강물처럼> 외 다수 작곡.

외톨이였다

700명에 가까운 세례자들의 간증문을 제가 다 가지고 있는데요. 그분들의 이야기가 너무너무 소중합니다. 그런데 그분들이 이후에 어떻게 성장했는가에도 굉장히 관심이 있어요. 예수를 믿는 것은 출발점이지 결승점이 아니거든요. 그분들의 이후의 삶도 추적하면서 이야기를 나누면 얼마나 좋을까, 이야기 자체가 내러티브로서 어떤 하나의 서사이자 메시지가 아닐까라는 생각을 늘 하고 있었습니다. 그래서 '만남은 혁명이다'라는 주제 아래, 오늘은 나들목동행교회 김민영 자매의 '나는 외톨이였다'라는 이야기를 나눌려고 합니다. 민영 자매는 저랑 한 달 동안 이야기 같이 나누면서 준비했는데요. 민영 자매가 무대로 나올 때 큰 박수로 맞아주세요.

먼저 자기소개를 해 주시겠어요?

저는 남양주 별내에 살고 있고, 남편과 함께 여덟 살 딸아이를 키우고 있는 김민영입니다.

민영 자매는 2007년 6월에 세례를 받았는데요. 그때 썼던 세례 고백문을 보니까 다시 마음이 짠했어요. 고백문에 '거절의 연속'이라는 단락이 있는데 그때 마음으로 한번 읽어 줄래요?

"84년 나의 탄생은 그리 반갑지만은 않았다. 당시만 해도 남아선호 문화가 뿌리 깊게 남아 있어서 딸만 둘인 우리 가족은, 특히 어머니가 마음고생이 많았다. 하고 싶은 꿈이 없었던 어머니는 자기도 원하지 않았던 결혼을 했고, 결혼해서도 아들이 없다는 이유로 친가로부터 많은 거절과 서러움을 당했다. 그런 환경에서 첫째 딸로 태어난 나는, 태어날 때부터 거절의 대상이 되어야 했다. 어머니는 그 거절과 설움으로 스트레스 때문에 우울증과 다양한 질병에 시달렸다. 자신감을 많이 상실한 어머니는 오히려 나를 완벽하고 강하게 키우려고 했다. 그래서 아주 어릴 때부터 나는 무조건 어머니 말만 들어야 했고, 시키는 대로 하지 않고 내가 원하는 대로 하면 혼났다. "그건 안 돼! 그러면 안 돼!"라는 말을 너무나 많이 들었다. 많이 맞기도 했다. 어머니의 울타리 안에서 벗어나지 못했던 나는 학교에 가도 친구들과 어떻게 관계를 맺어야 할지 몰라 항상 외톨이로 지냈다. 크면 클수록 내가 외톨이인 것은, 내가 이렇게 된 것은… 다 엄마 때문이라고 원망했다."

당시 이 이야기를 읽으면서 제 마음이 너무 아팠어요. 지금도 마음이 찡하네요. 여동생이 하나 있죠? 엄마가 많이 아프셔서 민영 자매가 동생을 거의 돌보다시피 했다고 들었어요.

제가 세 살 때 동생이 태어났는데 엄마가 많이 아프셨어요. 저는 아직 어려서 부모의 사랑을 듬뿍 받아야 할 나이였는데, 엄마가 많이 아프시니까 제가 엄마를 도와야 한다고 생각했어요.

보통은 서른 살쯤에 철이 드는데, 민영 자매는 세 살에 철이 들어서 일찍부터 동생을 돌봤네요. 아빠는 어땠어요?

아빠는 전형적인 경상도 분이셨어요. 표현을 잘 못하시고⋯⋯.

표현을 잘 안 하시니까, 어릴 때 사랑받는다, 용납받는다, 보호받는다, 이런 생각을—

못했죠.

세례 고백문에 죽고 싶었다는 표현도 몇 번 나와요. 많이 힘들었나요?

네. 유년 시절에 많이.

초등학교에 갔을 때는 어땠어요?

부모님과 정서적 유대 관계가 없어서 친구들하고도 어떻게 관계를 맺어야 할지 잘 몰랐어요.

스크린에 세 살 무렵 김민영의 사진. 한 장은 양 갈래로 머리를 땋고 웃는 모습이고, 다른 한 장에서는 크게 울면서 어디론가 걸어가고 있다.

저기 울고 있는 아이가…?

네, 주로 저런 상황이 많았어요. (웃음)

어떻게 우는 모습이 사진으로 찍혔네요. 초등학교에 가서도 아이들하고 관계를 맺기가 어려웠으면 주로 혼자 지냈나요?

그렇죠. 좀 아웃사이더로 뒤에서 음악 듣고 있고.

어릴 때 교회를 다녔죠? 교회에서는 어땠어요? 사랑을 받았을 것 같은데요.

교회에서 제가 좋아하는 노래나 성가대를 했지만… 예전에는 장로님과 집사님 자녀가 아니면, 왠지 앞에 나설 수 없는 그런 분위기가 있었어요. 차별이라면 차별인데, 놀러 갈 때도 자기들끼리 놀러 간다든지, 다른 아이들에게는 말을 안 한다든지. 약간 소외시키는 그런 경향이 있었어요.

교회에서도 약간 왕따당하는 그런 기분?

네.

집에서도, 학교에서도, 교회에서도 그러면 많이 힘들잖아요. 이럴 때 보통 비행 청소년이 되는데, 민영 자매는 어땠어요?

저는 그냥 음악만 계속 듣고 그랬죠. 그때 아이들이 H.O.T 같은 음악을 좋아할 때, 저는 뒤에서 어두운 음악만 듣고.

음악이 일종의 도피처였네요?

네, 도피처가 됐죠.

우리 주변에는 외톨이로 살아가는 사람이 의외로 많습니다. 외톨이로 살면 크게 두 가지 모습이 나타나는데, 오히려 더 적극적으로 관계를 맺고 싸우기도 하면서 외향적으로 자신을 표현하는 사람들이 있고요. 아니면 자기만의 공간에 칩거해서 게임이나 인터넷에 몰두하다가 심각한 중독에 빠지기도 합니다. 그런데 민영 자매는 음악에 몰두했네요. 건강하고 좋은 선택이었다고 생각해요. 음악 쪽으로 뭔가를 더 시도했나요?

고등학교 때 작곡반이 있었는데 너무 재미있는 거예요. 그래서 작곡으로 대학에 가고 싶었어요.

그래서 음악을 공부하는 대학에 갔네요. 대학에 가서는 어땠어요? 아무래도 더 자유롭고, 여러 관계를 맺으니까, 혼자 지내는 생활에서 좀 벗어나게 됐나요?

같은 대학 같은 과에 있어도 서로 좋아하는 게 다르니까, 딱히 마음을 열거나 하지는 못했어요.

마음을 열지 못한 게 거절당할 것 같은 두려움 때문인가요?

그렇죠. 뭔가 조심스러운 마음이 계속 있었죠.

다른 사람들이 나를 인정하거나 수용하겠구나, 하는 기대를 잘 못하는 건가요?

경쟁으로 학교에 들어왔기 때문에…….

특별히 음악과는 경쟁이 더 심했겠네요. 외로움이 민영 자매한테는 바탕색이었네요. 대학 내내 그랬나요?

우리 학과에서 꽤 실력 있는 어느 선배가 기독교 선교단체에 있다는 소리를 들었어요. 그래서 저도 저기 가서 선배의 도움을 좀 받아야겠다, 나도 성공을 좀 해 봐야겠다, 그런 생각으로 선교단체에 들어가서 복음을 접했어요.

거기서는 어땠어요?

교회도 그렇지만 선교단체도 처음 신입생이 들어오면 엄청 환영해 주잖아요. 그 경험이 굉장히 놀라웠어요. 그렇게 환영해 주고, 관심을 가져주고, 인사를 먼저 해 준 사람이 거의 없었거든요.

그때 기분이 어땠어요?

'내가 뭔데 이렇게 잘해 주지? 이 사람들 뭐지?' 이런 생각이 들었어요.

그 사람들이 무슨 딴 생각으로 잘해 준 건 아니었죠? 순수하게?

네. 진짜 순수한 마음으로.

그렇게 환영해 주고,
관심을 가져주고,
인사를 먼저 해 준 사람이
거의 없었거든요.
'내가 뭔데 이렇게 잘해 주지?
이 사람들 뭐지?'

순수한 마음으로 환대하는 사람들을 만나면서, 이런 식으로 관계를 맺을 수도 있겠다는 생각이 들었겠네요.

맞아요.

어머니하고는 어떻게 지냈어요? 대학 입학 후에 떨어져 지내면서 어머니와의 관계에서도 해방감이 좀 있었나요?

처음에는 집에서 도피해서 내가 원하는 음악을 하고 성공해야겠다, 이런 생각밖에 없었어요. 그러다가 당시 좀 아픈 데가 있었는데, 그렇게 심각한 줄 몰랐어요. 그런 상태에서 선교단체 행사를 기획하느라, 하루 종일 앉지도 못 하고 일을 했던 적이 있어요. 그다음 날 일어나려고 하는데 다리가 안 움직이는 거예요. 같이 살고 있던 동생이 엄마한테 전화해서, "엄마, 언니 다리가 좀 이상해! 빨리 좀 와 봐!" 그랬어요. 저도 제 몸이 안 움직이는 게 너무 이상하고 겁도 나고 해서 '어? 내가 왜 이러지?' 이러고 있는데, 엄마가 한걸음에 달려오셨어요.

저를 늘 걱정하셨지만, 그때는 정말 마음이 아픈 표정으로 저를 보면서 우시더라고요… 저를 붙들고요. 그제야 '어? 엄마가 나를 이렇게 사랑했었네?' 하는 생각이 들었어요. 23년 만에요. 그날 엄마하고 정말 많은 이야기를 했어요. "너가 아픈 게 꼭 내 잘못인 것 같다"라는 이야기도 하시고.

혹시 엄마도 민영 자매랑 같은 병이 있었나요?

자가면역질환이라는 비슷한 병이에요. 엄마는 호르몬 쪽에 문제가 있었고 저는 다발성근염이라고 해서 팔다리에 힘이 점점 없어지는 병이거든요.

<small>화면에 환자복을 입고 웃고 있는 김민영의 사진. 당시 먹던 약들이 손바닥에 가득하다.</small>

엄마가 나를 사랑하는구나, 이런 감정을 태어나서 23년 만에 처음 느낀 거네요.

네. 참 신기하게도 그다음 날 길을 걸어가는데 거리 풍경이 다 예뻐 보이는 거예요. 바람이 불어서 나무가 흔들리는 모습도 전부 다. 엄마의 진짜 마음을 확인하고 나서요. 제가 왕따를 당했던 이유 중 하나가, 저한테 피해의식이 많았거든요. 상대가 그냥 쳐다본 건데도 나를 공격하는 것 같고. 그런데 그렇게 봤던 친구들이 다 예뻐 보이는 거예요. 미워했던 사람도 너무 사랑스럽고 제 시선이 완전히 바뀌었죠.

맞아요. 마땅히 받아야 할 사랑을 받지 못 하면 세상이 다 적으로 보이죠. 늘 나를 거절할 거로 생각하고, 그러니까 늘 힘들고요. 그러다가 엄마의 사랑을 23년 만에 느끼고 깨닫게 되니까 세상이 다 예뻐 보였군요.

엄마도 더 이해하게 됐어요?

네, 엄마가 너무 아파서 나를 돌보지 못했구나…….

엄마도 이해하게 되고 굉장히 중요한 시점이었네요. 선교단체에 있으면서 하나님을 믿고 구원을 받았다는 생각이 들었나요?

선배들 따라 리더도 했지만, 그땐 사실 하나님을 잘 모르는 상태였어요.

교회에서 신앙생활을 열심히 하는 분들을 보고 목회자들이 간혹 오해해요. 물론 그분들이 실제로 신앙이 좋아서 그럴 수도 있지만, 다른 이유로 교회 활동을 열심히 할 때도 있어요. 열심히 해야 사랑받는다, 내 가치를 인정받는다, 이런 이유로 열심히 하는 분도 있거든요. 그러나 교회나 선교단체는 열심히 하는 모습만 보고 리더까지 시키죠. 잘 살펴봐야 합니다.

어쨌든 하나님을 아직 제대로 알지 못했는데 리더가 됐네요. 장님이 장님을 인도하는 그런 상태인데, 그 뒤로 어떤 일이 벌어졌어요?

제가 있던 선교단체가 성경을 깊이 연구하는 단체였어요. 그때 저는 성경 말씀을 보고 연구하는 게 재미는 있어도, 그 말씀이 내 말씀으로 다가오지는 않았거든요. 그러다 선교단체에서 진행하는 성경 연구 수련회에 갔는데 로마서 강해를 했어요. 로마서 8장의 '하나님의 끊을 수 없는 사랑'에 대해 말씀해 주셨어요. 하나님의 사랑이 태초부터 지금까지 연결된 것이라고는 전혀 생각하지 못 했는데, 날 사랑하시는 하나님의 사랑이 태초부터 있었고, 그 어떤 것도 그 사랑에서 나를 끊을 수 없고, 내가 하나님을 알지도 못하는 상황에서도 하나님은 나를 사랑하셨구나, 하는 것을 깨달았어요.

그때까지는 하나님에 대해 개념으로만 들었고, 또 교회를 다니면서도 진짜 하나님을 믿었다기보다 하나님이 저기 어디 계시지만 나와는 별다른 관계가 없다고 생각한 거죠. 그러다 수련회에 가서 하나님의 사랑이 마음에 확 와닿은 거네요.

그래서 나는 이제 신앙을 갖고 구원을 받았다. 그런 생각이 들었나요?

네. 말씀을 통해서요. 그때는 그렇게 생각했지만, 진짜 구원이라고 말하기에는… 와, 하나님의 사랑이 엄청 크구나, 그 사랑이 나를 향해 있구나 정도였던 거 같아요.

민영 자매 이야기를 들으면서 하나님이 민영 자매를 참 소중히 여기신다는 생각이 들었어요. 어릴 때부터 어머니에게 병이 있었고, 그래서 어린 민영이가 동생을 돌봐야 했습니다. 엄마가 아프고 힘들었으니 어쩔 수 없었죠. 어릴 때부터 계속 거절을 당하면서 누군가에게 용납받고 사랑받는다는 느낌 없이 살았고, 교회에서도, 학교에서도 어쩌면 외톨이 생활이 거의 몸에 배었을 거예요. 그러다가 대학에 가서 선교단체에서 환대를 경험하고 마음이 조금 열렸습니다. '아, 나도 이렇게 사랑받을 수 있구나!' 그 경험은 엄청난 거예요. (두 손가락을 벌리며) 이렇게 약간 틈이 벌어졌어요. 그리고 어머니를 깊이 만나면서 23년 만에 어머니의 사랑을 느꼈고, 벌어졌던 틈이 더 벌어졌습니다. 하나님을 잘 몰랐지만 선교단체에서 리더까지 하면서 성경을 공부하다가, 하나님의 사랑에 마음이 활짝 열렸습니다. 하나님이 참 섬세하게 민영 자매에게 다가오셨네요. 천천히, 천천히, 천천히, 다가오셨네요. 저는 그렇게 느껴요.

하나님의 사랑에 마음이 열리긴 했지만, 아직 믿음은 제대로 세워지지는 않았다는 거죠? 그럼 어떻게 믿음이 더 온전해졌어요?

그때쯤 선교단체에서 나들목교회를 추천해 줬어요. 너한테 잘 맞을 것

내 음악을 세상에 발표하고 공유하는 일도 필요하지만, 그 의도가 내 성공이나 유명해지는 것에 좀 치우쳐 있었던 것 같아요. 그런데 공동체에 대한 저의 인간적인 기대를 내려놓듯이, 성공에 대한 기대도 좀 내려놓으니까, 아이들과 예술과 음악을 나누는 게 무척 행복하더라고요.

같다고 하면서. 그렇게 와서 보니까 내가 알고 있던 복음에 대해 전반적으로 딱 정리를 하는 게 좋았어요. 일대일로 성경 공부를 하면서 배웠죠. 나의 전인격이 예수님을 닮아가는 것, 그게 신앙이구나 하는 것을요.

예수님이 민영 자매에게 더 실제적이고 구체적으로 다가왔나요?
네. 내가 어떻게 살아야 하고, 어떤 선택을 해야 하고, 이런 것들이요.

맞아요. 예수님을 믿는다는 것이 '난 하나님 믿어요. 죽으면 구원받을 거예요.' 단지 이것만은 아니죠. 삶을 예수님 중심으로 재정립하는 거예요. 교회 와서 신앙의 기초를 다시 세웠네요. 그래서 어떤 확신 같은 게 생겼어요? 내가 진짜 크리스천이다. 이런 확신이 들었나요?
네.

굉장히 중요한 부분입니다. 기독교를 단순히 어떤 느낌으로 생각하는 사람이 있어요. '내가 하나님의 사랑을 느꼈다, 하나님이 계신 것 같다, 그렇게 느껴지니까 나는 이제 크리스천이야.' 이렇게 생각하는 사람이 있는데, 아닙니다. 겨우 회심을 시작한 정도이지, 회심이 온전히 이루어졌다고 보기는 어렵습니다. 회심은 예수라는 분이 자기에게 어떤 분인지를 발견하고, 예수를 중심으로 삶 전체를 다시 놓는 것입니다. 하나님 없이 살던 삶이 예수를 중심으로 재편성되는 것. 그래서 진짜 크리스천으로 살기 시작하는 것, 그게 회심이죠.

그렇게 시작하고 나서 삶에 어떤 변화가 있었나요?

저는 저밖에 몰랐던 사람인데 세상의 아픈 현장을 보니까, '아, 내가 살고 있는 세상이 이렇게 깨져 있구나' 하고 깨닫고, '그 속에서 내가 할 수 있는 게 뭘까?' 이런 생각을 했어요.

이게 맞는 거 같아요. 하나님을 만나기 전에 사람들은 자기밖에 안 보여서 어떻게 해서든지 세상에서 혼자 살아남아야 한다는 생각을 많이 해요. 그런데 하나님을 만나고 나면, 하나님의 사랑이 내 안에 들어오고 하나님과 관계를 맺기 시작하면, 세상을 좀 더 객관적으로 애정을 가지고 보게 됩니다. 세상을 바라보는 눈이 점점 균형을 잡아갑니다. 자기 좋은 대로 세상을 보다가 하나님의 관점으로 세상을 보기 시작하면 사람이 성장하죠. 자기만 들여다보는 사람은 성장하기가 굉장히 어렵습니다. 하지만 신앙의 눈으로 세상을 바라보기 시작하면 조금씩 성장하죠. 아, 놀랍네요.

세례는 어떻게 받았어요?

세례는 나들목교회 다닌 지 얼마 안 됐을 때 받았어요. 예배 때 세례자들이 자기 이야기를 솔직하게 털어놓고 자기 신앙을 고백하는데, 너무 감동적이었어요. '어? 난 저런 적이 없었는데. 나도 해 보고 싶다.' 이런 생각이 들었어요.

스크린에 김민영이 세례를 받는 사진. 김목사가 그녀의 머리에 손을 얹어 세례를 주고 있다.

세례를 받는 사진이네요. 아, 그때 생각이 나네요. 사람들 앞에서 믿음을 선언하고 나니까, 어떤 변화가 있었나요?

이제 나의 신앙이 시작하는구나, 그런 생각들이요…….

제대로 시작하는구나.

네. 많은 사람 앞에서 신앙고백을 하고 안 하고가 큰 차이가 있는 것 같아요. 신앙고백 전에는 수련회를 갔다 와서는 잘 살다가, 시간이 지나면 다시 믿음이 식고 그랬는데, 이렇게 세례식을 통해서 공표하고 나니까, '아, 내가 진짜 그리스도인이구나' 하는 확신이 생겼어요.

중요한 이야기입니다. 세례는 단순한 의식이 아니라 회심이 완성되는, 마지막 도장을 찍는 시간입니다. 하나님의 사랑을 느끼고, 예수님이 어떤 분인지를 알고, 예수님을 통해 삶이 변화되는 그 과정을 혼자 몰래 하는 게 아니라 사람들 앞에서 선언하는 순간, 거의 회심이 완성된다고 생각해요.

오늘 다른 교회에서 제 조카 부부가 세례를 받아요. 작년에 저와 제 아내가 복음을 전해서 구원을 받았습니다. 그래서 아침에 조카에게 글을 써서 보냈어요. '너희가 결혼식을 했듯이 오늘 세례식을 하는구나.' 사랑하는 사람과 계속 살 거라고 많은 사람 앞에서 선언하는 게 결혼식이잖아요. 그처럼 세례식도 여러 사람 앞에서 그렇게 고백하는 것입니다.

민영 자매는 음악을 만들고 부르잖아요. 세례식을 하고 나서 만든 노래가 있죠? 그 노래를 지금 들어 볼까요?

나를 부르네

눈물을 감추고 힘없이 웃었던
지쳐버린 나의 하루하루
바쁜 사람들 틈에서 아무런 의미도 없이
또 저물어 가는 하루하루

시간이 지나면 다 괜찮아 다들 그렇게 살아
나 스스로를 위로했던
그 시간 속에 맴돌던 소리
그 소리 따라 걸었네
바람따라 걸음마다
그 소리 날 부르네 당신의 노래

나를 부르는 당신의 끝이 없는 그 사랑
그 사랑으로 살아가네 더욱 새로워진 나의 삶
이제 외로움은 없네 날 안아 주신 그 사랑
그 사랑으로 당신을 부르네 내 아버지를 부르네

이제 내가 당신과 함께
또 다른 나를 부르네

노래가 너무 좋죠? 민영 자매 자신의 노래이기도 하고, 여기 계신 많은 분의 노래가 될 수도 있을 것 같아요. 이제 새로운 시대가 시작된 거네요. 그러면 나들목 공동체 안에 들어가서 외톨이 생활에 종지부를 찍었나요?

네… 첫 번째 가정교회에 들어가서 2-3년 동안은 별문제 없이 잘 지냈어요.

그때 결혼도 했지요?

네. 그때 결혼도 했죠. 그런데 2-3년 동안은 별 탈이 없었는데, 3년쯤 지나고 나니까 가정교회 리더와 가족들 사이에서 소통이 잘 안 됐어요. 문제가 있으니까 가정교회 모임 때 싸우기도 하고, 그래서 이걸 어떻게 해야 하지, 그랬는데… 어느 날 리더에게 사건이 생겼어요.

가슴 아픈 이야기인데요. 그래서 그 가정교회는 매듭을 지었죠.

가정교회 가족들이 뿔뿔이 다 흩어졌어요.

굉장히 안타까운 이야기입니다. 외톨이로 살다가 드디어 자기 공동체를 찾아서 결혼도 하고 잘 살았는데, 공동체 안에 문제가 생겨서 다 흩어지는 일이 생겼습니다. 엄청나게 실망했겠네요. 그 뒤로 나들목교회를 떠났나요? 계속 다니기가 쉽지 않았을 텐데요.

네. (웃음) 안 다녀야겠다는 생각이…….

이 교회는 안 다니겠다?

여기는 아닌 것 같다. (웃음)

배신감이 컸겠네요. 그래서 교회는?

안 나갔고요. 다른 교회를 찾아서 예배만 드렸어요. 아예 안 가는 날도 있었고요.

당연히 그럴 수 있죠. 그런데 지금은 여기 나들목동행교회에 속해 있잖아요. 어떻게 된 거죠?

어느 날 남편이 "다른 교회를 다니는 게 답이야? 진짜 답이야?" 이렇게 물었어요.

훌륭한 남편이네요!

그런데도 "아, 나 좀 냅 둬" 하면서 거의 1년을 따로 교회를 다녔어요.

남편은 계속 나들목교회를 다녔고요?

네.

그러다 결국 다시 돌아왔군요. 다시 가정교회에 들어가기가 굉장히 어려웠을 텐데요.

쉽지 않았어요. 제가 공동체에 대한 기대가 무척 컸었나 봐요. 남편이

"가정교회를 피하는 게 답인 거 같냐?"라고 해서 다시 들어가긴 했는데… 아무런 기대도 없이 가정교회 모임에 가서 그냥 앉아만 있다가, 말도 안 하고, 계속 그렇게 다녔죠. 그때 가정교회 목자님이 "민영아, 이제는 신앙교육을 좀 받지? 큐티는 하고 있니?" 이런 식으로 이야기하지 않고, 그냥 제 마음이 열릴 때까지 계속 만나주고 이야기를 들어줬어요.

어려운 문제나 고민 같은 것을.
네, 자세히 말하기는 어려웠지만, 잘 들어주셨어요.

목자님이 굉장히 중요한 역할을 했네요. 민영 자매를 다시 받아주고, 채근하지 않고, 기다려 주고. 다시 용납받는다는 경험을 깊이 주었네요. 그래서 공동체에 다시 머물 수 있게 된 거군요.

그리스도인의 삶에서 공동체가 굉장히 중요하지만, 공동체가 늘 온전하지는 않습니다. 여전히 부족한 사람들이 모여서 사랑을 배우는 곳이 공동체거든요. 공동체로 살다가 상처를 주고받기도 하고, 심할 때는 공동체가 아예 깨지는 경험도 하죠. 외톨이로 살았던 민영 자매에게 너무나 큰 경험이었네요. 그렇지만 공동체로 다시 돌아왔을 때, 민영 자매 마음을 이해해 주고, 기다려 주고, 있는 그대로를 받아주는 리더를 만나서 거기서 안정감을 되찾고 신앙생활을 다시 제대로 시작했네요. 공동체가 민영 자매에게 차지하는 비중이 무척 커 보이는데요. 나들목교회가 다섯 교회로 분교할 때, 나들목동행교회를 선택한 특별한 이유가 있었나요?

당시에 '함께 살기'에 대해 이야기를 많이 듣기도 했고, 그런 마을에 실제로 가보기도 했어요. 가서 보니까 '어? 나도 이렇게 살고 싶다.' 그런 생각이 들었고, 또 제가 몸이 불편하니까 그런 것까지 다 이해해 주고 존중받는, 생활 공동체를 만나고 싶었어요. 신앙과 삶을 같이 하는….

그래서 위스테이별내사회적협동조합에 합류했군요. 별내에서는 공동체로 잘 지내고 있어요?

위스테이별내에는 교회 식구들도 있고, 하나님을 모르는 분들도 있는데요. 다 같이 섞여서 마을 활동을 하고 있어요. 돌봄위원회에서 예술팀 꼭지를 하나 맡아서 아이들과 함께 음악이나 다른 예술 활동을 했었고, 지금은 소소하지만 다양한 마을 활동을 하고 있어요. 아이들 교육이 옛날이나 지금이나 다 경쟁을 하잖아요. 경쟁을 시켜 놓고 '네가 더 잘해! 내가 더 잘해!' 이렇게 하는 문화가 보기에 안 좋죠. 누구도 소외당하지 않고 같이 놀면서 같이 교육받는 게 중요하다는 생각이 들어서 마음 맞는 사람들하고 같이하고 있어요.

외톨이가 될 수 있는 아이들에게 경쟁사회에서 밀려나지 않도록 "괜찮아, 괜찮아!" 하면서 돌보는 거네요.

네. 모두가 평등하다고 가르쳐요. 어른을 대할 때 깍듯하게 예의를 갖추는 것도 필요하지만, 인격적이고 수평적인 관계를 배울 수 있도록 때로는 평어를 쓰거나 별칭으로 부르기도 하고요.

스크린에 위스테이블내 공동체에서 여러 손악기를 다루며 놀고 있는 아이들의 사진.

엄청난 변화인데요. 외톨이처럼 혼자 살던 사람이 외톨이가 될 수 있는 아이들을 돌보며 살고 있는 거잖아요. 민영 자매가 이전에 세례받을 때 이런 이야기를 했어요. 제가 한번 읽어 볼게요. "나는 크리스천 예술가로서 이 땅에서 울려 퍼지는 세상의 거짓되고 악한 소리들을 거슬러 사랑과 진리를 외치는 음악과 노래를 만들고 싶다. 그 메시지가 담긴 나의 음악을 통해 이 땅에서 아파하는 모든 사람들에게 하나님의 마음을 전하고 그들을 위로하고 싶다는 꿈을 꾼다." 2007년에 쓴 글인데, 자기 음악을 가지고 이런 일을 해 보겠다고 했어요. 그 꿈이 이루어지고 있나요?

네. 어느 정도는요. 제가 세례를 준비하면서 이 글을 쓸 때만 해도 아직은 어려서 굉장히 성공하고 싶은 마음이 많았던 것 같아요.

좀 전에 불렀던 노래도 어느 음악제에 출품했던 노래였죠?

네. (웃음) 내 음악을 세상에 발표하고 공유하는 일도 필요하지만, 그 의도가 내 성공이나 유명해지는 것에 좀 치우쳐 있었던 것 같아요. 그런데 공동체에 대한 저의 인간적인 기대를 내려놓듯이, 성공에 대한 기대도 좀 내려놓으니까, 아이들과 예술과 음악을 나누는 게 무척 행복하더라고요.

자기 성취를 위해 음악을 하다가 이제는 그 음악을 아이들과 이웃과 공동체와 나누며 도움을 주는 쪽으로 바꾼 거네요. 실제로 나들목교회 식구들이 함께 부르는 노래 중에 민영 자매가 지은 곡이 꽤 됩니다. 작년 크리스마스 때는 캐럴을 편곡해서 아이들하고 온라인에서 함께 불렀다고 들었어요.

> 스크린에 화상 채팅으로 〈징글벨〉을 부르는 여러 아이가 보인다. 각자 자기 공간에서 노래하는 아이들.

비대면으로 합창한다는 거 자체가 쉽지 않았어요. 시장 바닥처럼 아이들이 여기저기서 노래하니까 정신도 없고 '어떡하지? 이거 잘 될까?' 했는데 아이들이 너무 좋아하는 거예요.

코로나19 팬데믹 때 크리스마스에 아이들이 다 같이 모일 수 없었는데, 이런 방식으로 같이 교감하고 노래도 할 수 있어서 참 좋았겠네요.
앞으로 예술제도 열고 아이들과 같이 공연도 해 보려고요.

> 스크린에 〈크리스마스에는 축복을〉을 다 같이 부르는 영상. 김민영이 딸과 함께 노래한다.

크리스마스에는 축복을
크리스마스에는 사랑을
당신과 만나는 그날을 기억할게요.

나를 사랑하시는 하나님 사랑이
태초부터 있었고,
그 어떤 것도 그 사랑에서
나를 끊을 수 없고,
내가 하나님을 알지도 못하는 상황에서도
하나님은 나를 사랑하셨구나,
하는 것을 깨달았어요.

지금까지 민영 자매를 모시고, 한 영혼이 외톨이로 살다가 어떻게 마음이 점점 열렸는지, 하나님의 사랑을 어떻게 점점 받아들였는지를 들었습니다. 지금도 몸이 많이 안 좋은데 개의치 않고 오히려 더 어려운 사람들을 찾아가고, 또 자신의 은사로 아이들과 같이 노래하고 함께 사는 모습을 보여주고 있습니다. 너무 감사하네요.

2007년에 세례를 받은 한 사람이 예수를 만나고, 교회를 만나고, 15년 동안 고민하면서 성장했던 과정을 나누었습니다. 귀하고 아름다운 이야기를 들려주신 민영 자매에게 큰 박수를 보내 주세요. 민영 자매와 함께 살고 있는, 아마도 무대 아래에서 눈물을 글썽이며 바라보았을 남편에게도 큰 박수를 보냅니다.

누가복음 19장 10절을 보면, 예수님께서 '삭개오'라는 한 사람을 찾아가세요. 삭개오는 경제적으로 성공했지만 아주 외로운 사람이었어요. 그를 찾아가서 예수님이 이런 말씀을 하셨어요.

인자가 온 것은 잃어버린 자를 찾아 구원하려 함이니라.

이 일은 예수님이 십자가에서 돌아가시기 바로 한 주 전에 일어났습니다. 외로운 사람 한 명을 찾아다닐 때가 아니었죠. 하지만 그분의 사명은 잃어버린 자, 홀로된 자, 외로운 자를 찾아가서 구원하는 것이었습니다. 그래서 죽음을 바로 앞둔 그 중요한 순간에 '삭개오'를 찾아가셨죠. 그리고 그의 집에서 하루를 같이 보냅니다.

이처럼 예수님은 찾아가십니다. 민영 자매를 찾아가셨듯이 천천히, 천천히, 천천히 다가가셔서 사람의 마음을 여시고, 여시고, 여셔서 예수님 당신이 어떤 분인지 보여주십니다. 그리고 예수를 믿는 사람들의 공동체로 이끌어 주시고, 그 공동체에서 치고받고 하면서 성장하게 하시고, 또 예수를 믿을 때 가졌던 그 꿈을 실제로 이루어 가도록 이끄십니다. 민영 자매의 지난 15년 이야기를 들으니까, 다시 15년 뒤의 민영 자매의 인생이 어떻게 달라져 있을지 궁금하네요.

어떤 만남은 혁명과 같습니다. 우리 인생이 주님과 함께한다면, 우리는 궁금증을 유발하는 사람이 될 것입니다. "도대체 그 사람은 어떻게 살아 왔을까? 앞으로 어떻게 살아갈까? 어떤 열매를 맺으며 살까?" 그리 대단하고 놀랍지 않더라도, 분명히 의미 있고 가치 있고 풍성하게 살 것입니다. 주님은 여러분이 풍성하게 살기를 바라십니다. 그 주님을 모든 분이 만나기를 진심으로 축복합니다.

화려함 대신
가장 낮아지고
싶어졌다

박성태 2013년 7월 7일 세례(나들목교회), 건축 큐레이터, 정림건축 콘텐츠실장, 꿈꾸는교회 분당가정교회 가족, 정림건축문화재단 상임이사, 베니스비엔날레 건축전 2018 예술감독, '신의주-단동, 접경지대', '국가주의 시대의 아방가르드 건축가들' 등 누구도 상상하지 못한 주제를 전혀 다른 관점으로 풀어내는 건축/도시 전시 출판 기획자. 매체 편집 《건축신문》, 《공간》 등.

근사할 줄 알았다

사람들은 근사한 삶을 원합니다. 근사하게 살고 싶지 않은 사람은 거의 없죠. 그렇다면 근사함이란 뭘까요? 오늘은 화려함과 근사한 삶을 추구했던 한 형제의 이야기를 나누려고 합니다. 박성태 형제를 무대 위로 모시겠습니다.

박성태 님이 하는 일은 조금 독특합니다. 본인을 문화기획자로 소개하는데, 주로 어떤 일을 하고 있나요?

저는 주로 패션이나 건축 분야에서 일했습니다. 사람과 사건을 기록하고 연구해서, 전시나 출판의 형태로 소통하는 역할을 하고 있습니다.

스크린에 오래된 잡지 표지. 표지에 앳되고 낯이 익은 여배우 얼굴이 있다.

아주 오래전 잡지 사진 같네요.

네, 맞습니다. 오래전에 제가 모 언론사 막내로 있다가 잡지사 편집장으로 갔어요. 당시 스트리트 매거진으로는 국내에서 독보적인 잡지였습니다. 전위적인 문화 콘텐츠를 다루는 매체였습니다.

그러면 패션, 특히 명품이 주된 취재 대상이었겠네요.
그렇죠. 배우들이 촬영할 때 주로 명품 옷을 입거든요. 그걸 통해 명품 브랜드는 마케팅을 하고, 잡지사는 매체를 좀 더 원활하게 운영할 수 있는 지원을 받는 거죠.

스크린에 외국 파티 사진. 화려한 공간에 여러 사람으로 북적인다.

다음 사진은 굉장히 화려한데, 어떤 사진인가요?
홍콩에서 열린 샤넬 파티의 한 장면입니다. 저런 파티가 자주 열리지는 않고요. 몇 년에 한 번씩 열립니다. 국내에서 1년간 억대 이상의 샤넬을 구매하신 분들이 초청을 받죠.

한 사람이 1년에 억대 이상을 구입한다고요? 다 그런 사람들이에요?
사진에 나온 대부분은 그렇지만 저 같은 일반인도 물론 있습니다. 저처럼 매체 작업을 하는 사람들은 아무래도 명품 브랜드 회사와 관계가 좋은 편입니다. 악어와 악어새 같은 존재거든요. 저런 행사에 유명인사가 갈 때 취재하거나 홍보하는 역할로 갔었습니다.

화면에 또 다른 브랜드 행사 사진이 보인다.

다음 사진은 국내에서 찍은 건가요?

국내외 온갖 브랜드가 있습니다. (청중에게) 다 아시는 브랜드죠? 그런 매체 행사를 쭉 취재했어요.

근사했겠네요. 일반적으로 생각할 때 저런 장소에 자연스럽게 갈 수 있다면, 근사한 삶에 가까운 라이프 스타일이잖아요.

홍콩을 예로 들면, 도착하면 벤츠 S500이 대기하고 있고요. 우리를 태워서 만다린 호텔까지 데려다줍니다. 거기서 2박 정도 머물면서 샤넬에서 제공하는, 평소에는 경험하지 못 하는 온갖 것을 경험하고 옵니다.

그런 문화를 경험하다 보면, 박성태 님도 자연스럽게 근사한 삶을 추구하겠네요. 그곳에 있으면서 어떤 생각을 하셨어요?

대개는 저런 일을 자연스럽게 합니다. 그런데 저는, 저와 잘 맞지 않는다고 자주 생각했습니다. 제 일상은 그들과 완전히 다르잖아요. 만날 마감에 쫓기고, 직원 4-5명이 조그만 사무실에서 콩닥콩닥 뭘 만들어서 세상에 내놓는 건데… 어떤 불일치? 부조화? 그런 고민을 했습니다.

저 근사한 삶에 나도 들어갈 수 있겠다, 이런 생각도 했어요?

그것을 위해서 살았던 것 같습니다.

그럼 쉽지 않았을 텐데…….

쉽지 않았습니다.

저런 삶을 원하지만 마감에 쫓기는 사무실에서, 또 일에 지쳐서 집에 들어왔을 때 괴리감이 엄청 컸을 것 같아요.

대부분 저런 삶을 갈망하잖아요. '나도 저렇게 될 수 있어! 바람만 불면, 한 방만 터지면, 패가 하나만 들어오면, 나도 뜰 수 있어! 바람아 불어라! 제발 좀 불어라! 세게 불어라!' 이랬던 것 같습니다.

그래서 극적으로 상향 이동하는 사람들이 가끔 있죠?

네. 있습니다.

있겠죠. 그래서 본인도 그렇게 될 수 있다고 생각했을 것 같고. 거기에 몰두한 거죠. 그곳을 향해 전력질주했던 삶이었습니다.

어릴 때부터 그런 삶을 동경했나요?

스크린에 흑백 사진. 놀이공원 회전목마 위에 어린 박성태와 어머니가 앉아 있다.

어머니하고 창경원에서 찍은 사진인데요. 어머님은 패션디자이너였습니다. ("오!" 하는 청중의 반응) 명동 한편에 상점이 있었고, 저를 좀 특별하게 키우셨습니다. 그래서 우리 집에서 제가 유일하게 사립유치원과 사립초등학교를 다녔습니다. 제 동생들은 그러지 못했고요.

　동생이 몇 명이에요?
　여동생이 둘 있습니다. 저에 대한 어머니의 기대가 컸는데, 그에 맞게 성공한 사람이 되고 싶었어요. 그래서 동생들도 잘 보살피고요. 이런 일종의 죄책감 같은 것이 저한테 항상 있었죠.

　어머님이 패션디자이너이고 명동에 상점이 있었으면, 가정이 넉넉한 편 아니었나요?
　그렇지 않았습니다. 지금도 그 자리에 가보면 1층에 매장이 있고 4층에 공장이 있거든요. 주로 일을 받아서 하는 쪽이었습니다. 지금처럼 브랜드를 만들고, 그 브랜드를 런칭해서 시장을 형성하고, 이런 게 아니었고요. 그 당시에는 맞춤 양장점 같은 곳이었습니다. 고객이 오면 고객의 치수를 재고, 재단하고, 옷을 맞춰 드리는 상점이요.

　그러면 재정적으로 쉽지 않았겠네요.
　저하고 여동생 둘이 한꺼번에 대학 등록금을 낼 때가 있잖아요. 그러면 아버지와 어머니 한숨 소리가 집안에 가득했습니다. 우리는 등록금을 낼 때마다 정말 쥐구멍이라도 있으면 들어가고 싶었고, 저는 특히 더 그랬습니다.

'나도 저렇게 될 수 있어!
바람만 불면,
한 방만 터지면,
패가 하나만 들어오면,
나도 뜰 수 있어!
바람아 불어라!
제발 좀 불어라!'

많은 부모가 그렇죠. 어머니가 패션을 하셨다면 더더욱 그랬을 것 같아요. 명동에 와서 옷을 맞춰 입는 사람들을 상대로 일하다 보면, 나도 열심히 일해서 저 사람들처럼 살고 싶다, 뭐 이런 마음을 어머님도 가지셨겠죠. 그러다 나이가 사오십이 넘어가면 '아, 안 된다! 나는 여기까지다!' 그런 한계를 알게 되고, 대부분 자식에게 꿈을 꾸죠. 세 자녀 가운데 성태 님에게 집중한 것도, 아들이 성공해야 나머지 동생들도 챙기고, 우리 집안을 일으킬 수 있다는 마음이었을 것 같아요.

아마도 부모님께는 두려움이 있었던 거 같아요. 서울 올라와서 고생하고 어떻게 해서 중산층으로 자리를 잡았는데, 자칫 잘못해서 발 한 번 잘못 디디면, 저 아래로 밀려날 수 있다는 생각을 계속 하셨던 것 같습니다. 함께 살면서 저도 그런 두려움 속에 있었습니다.

참 놀랍죠? 이상과 현실이 극명하게 대조되는 것 같아요. 밖으로는 화려하고 근사한 삶이 눈앞에 보이고, 조금만 더 노력하면 거기 들어갈 수 있을 것 같고. 그래서 더 열심히 살았죠?

그래도 언론사 들어갈 정도면 공부 열심히 해야 합니다. (웃음)

자자, 어깨에 힘 빼시고. (웃음) 그래서 열심히 공부도 하고, 열심히 살면서 잡지사 편집장도 했죠. 《공간》은 건축계에서 중요한 잡지예요. 그 잡지 편집장도 했고요.

스크린에 젊은 박성태의 모습. 어느 사무 공간의 붉은 벽돌 앞에서 깔끔한 양복차림으로 팔짱을 낀 채 카메라를 자신 있게 응시한다.

저 때가 편집장일 때죠?
네. 아주 잘 나갈 때였습니다.

근사한 삶이 바로 코앞에 있는, 정말 가까이 있다고 생각한 때였죠. 그런데 실제 삶은?
피폐했죠, 사실은.

보기와 다르죠. 저 사진을 보세요. 정말 잘 생겼어요. 멋있잖아요. 《공간》이라는 잡지의 편집장에다, 명품의 세계와 근사한 세상을 왔다 갔다 했으니 성공한 것 같았겠죠. 미래가 보장된 멋진 삶 같았지만, 실상은 그렇지 않았어요. 열심히만 살다 보면 개인적 삶에 반드시 영향을 끼치게 되는데… 그때 가족 관계는요?
결혼해서 아들이 하나 있었습니다.

사적인 이야기를 물어봐서 미안하지만, 결혼 생활은 어땠어요?
… 지금 생각해 보면, 그때 왜 그렇게 최선을 다해서 사랑하지 않았을까, 돌보지 않았을까 하는 회한이 있습니다. 이 말은 제가 가족을 잘 돌보지 않았다는 거지요. 오직 저만을 위해서 살았던 것 같습니다. 내가 중요해. 내가 잘되는 게 중요해. 난 할 수 있어.

내가 잘돼야, 동생들도, 부모님도, 우리 아들도 잘 된다고…….
(고개를 끄덕이며) 네.

그런데 결과적으로는 그렇게 되지 않았어요.
아내가 저한테 외롭다고 그러더라고요. 아내 입장에서 보면 부부는 동반자인데, 저 혼자 돌아다닌 거였죠. 부부가 같이 뭔가를 하고, 같이 고민도 나누고, 삶의 상처도 같이 나누고 해야 하는데, 저는 상처를 나누는 게 참 어려웠습니다.

인터뷰 설교를 함께 준비하면서 여러 번 이야기를 나누었어요. 그때 박성태 님이 정리하면서 쓴 글이 있는데, 제가 대신 읽어 보겠습니다.

"힘들게 허망한 것을 좇으며 그렇게 미친 듯이 살면, 머지않아 내 인생은 총천연색일 수 있다고 믿었던 거죠. 그렇게 잘 나가는 인생이라고 말하는 순간, 무언가 찾아와 삶을 깔아뭉갰습니다. 삶의 근간인 소중한 관계들이 부실해진 것입니다. 당연했던, 가장 가까운 관계가 어그러졌습니다. 아내와 아들 곁을 떠날 수밖에 없었고, 결국 어두운 터널 가운데 홀로 남겨지더라고요. 제 삶은 폐허 같았습니다."

제가 보기에 너무 극명한 대조였어요. 좀 전에 사진으로 봤던 박성태 님의 젊은 날은 자신감과 근사함으로 충만해 보였죠. 하지만 그의 내면은 폐허였습니다. 제가 박성태 님의 글을 읽으면서 황지우 시인이 쓴 「뼈아픈 후회」라는 시가 떠올랐어요.

> 슬프다 / 내가 사랑했던 자리마다 / 모두 폐허다 (…)
> 나에게 왔던 사람들, / 어딘가 몇 군데는 부서진 채 / 모두 떠났다

자신이 걸어온 자리가 모두 폐허가 된 거죠. 무척 힘들었겠어요?
세상이 아무런 의미가 없다고 생각했습니다. 그래서 언제든지… 이 세상을 버릴 수도 있다, 이런 정도까지 생각했었습니다.

극단적 생각까지 할 정도로 삶이 깨진 거군요. 그때 직장도 잃었다고 들었어요.
목사님이 멋진 사진이라고 말씀해 주셨던 그 회사가 부도가 나서 직장도 잃었습니다.

그나마 자기를 지탱해 주던 것까지 무너졌네요.
아무것도 없는 상태가 된 거죠. 다 내려놓은 상태가 됐습니다.

내려놓은 게 아니라 뺏긴 거죠.
내려놓음을 당했습니다.

그래서 어떻게 살았어요?

그냥 하루하루 살았습니다. 제가 놀고 있으니까 친구가 자기 카페 한쪽에 자리를 만들어 줬어요. 거기서 '아티스트 레지던시'를 하라고 했는데요, 허울은 좋지만 알맹이가 없는 거였죠. 카페 나가서 청소도 하고, 담배 재떨이도 비우고, 사람들 오면 그 사람들하고 이야기도 하고.

그때 아들하고는 어땠어요?

다행히 아들을 1년에 한 달에서 두 달 정도 돌볼 수 있었습니다. 아들이 아빠에게 애정이 있었고, 아내도 1년에 최소 한 달 정도는 아들과 같이 있어 달라고 해서, 아들하고 학교도 같이 가고, 밥도 챙겨주고, 같이 자고 놀고 했습니다.

아들이 외국에 있었군요.

네, 그래서 제가 외국에 가기도 하고, 방학 동안에 아들이 한국에 들어와 있기도 했어요.

극단적 생각이 들어도 버틸 수 있었던 것은 아들 때문이었나요?

맞습니다. 방학 때 오니까 그때까지는 잘 살자, 어떻게 해서든 버티자, 이렇게 살았고요. 아들에게 좋은 모습을 보여주려고 노력했습니다. 아들에게도 아버지 상이 있을 테니, 좋은 아버지 상을 심어주면 좋겠다. 전통적인 아버지 상은 아니어도 친구 같은 아버지 상으로 아들하고 깊은 관계를 맺어야겠다고 생각했습니다.

사람들이 버티며 살아요. 그냥 1년만 더 버티자. 우리 아들 만날 때까지만 버티자. 버티는 기간이 1년인 사람도 있고, 6개월인 사람도 있고, 3개월인 사람도 있죠. 어려움은 한꺼번에 몰려와요. 병목현상처럼 다가와요. 그래서 가정도 깨지고, 직장도 잃고, 완전히 바닥까지 내려가서, 살아야 할 이유를 모르겠다는 생각도 하죠. 혹시 여러분 가운데 지금 그런 시간을 통과 중인 분들이 계시나요? 그렇다면 하루하루 살기가 참 어렵죠. 우리 인생이 그렇습니다.

그때 어머님은 살아계셨었어요?

어머님도 돌아가셨습니다.

어머니에 대한 회한도 많겠네요.

제가 계속 되뇌었던 게, 어머니는 저를 위해 살다가 돌아가셨다는 거였어요. (깊은 한숨) 아, 어떻게 할 수가 없더라고요······.

세상에서 근사한 삶을 추구했고, 또 그런 삶 주변에서 어울리며 살았지만, 내면은 계속 깨져나간 채 바닥까지 이르렀고, 자신을 사랑했던 사람에게 보답도 하지 못 하고 거의 끝까지 간 거죠. 그 시점에 하나님을 만났다고 들었는데, 어떻게 해서 만나게 됐는지 이야기해 주세요.

제가 아티스트 레지던시를 하고 있을 때 모 재단 이사장께서 같이 일하자고 하셨어요. 그런데 진짜 생각이 없었습니다. '내가 왜 거기 가서 일해? 지금도 좋은데.' 그리고 안 갔습니다. 그랬더니 그분이 '그래도 생활은 해야지. 밥은 먹고 살아야지.' 그러셔서 같이 일하게 됐고요. 그러다가 김형국 목사님 초대로 나들목교회에 아무 생각 없이 가게 됐습니다.

제가 그때 정림건축문화재단 이사장이었어요. 재단 사무국장을 뽑아야 했는데 저는 그리스도인을 찾았죠. 그런데 건축 문화계에 이 일을 할 만한 그리스도인이 없는 거예요. 찾고 찾다가 박성태 님 이력서를 봤는데 괜찮았어요. 그래서 한 번 만났는데, 보다시피 외모도 멋지고 무엇보다 자신을 프레젠테이션할 줄 아는 분이더라고요. 그래서 같이 일하게 됐습니다. 어느 정도 시간이 지나고 나서… 그때 제가 뭐라고 그랬는지 생각나요?

그래도 업장에 한 번은 와야지, 그러셨습니다.

"아니, 이사장이 하는 업장에도 한 번은 와 봐야지." 제가 그랬어요. 제 업장이 어디겠어요? 교회지! (웃음) 어느 날 진짜 왔더라고요, 교회를! 그래서 그냥 사회생활하려고 오는 줄 알았어요. 이사장이 오라고 했으니까, 한 번은 얼굴을 들이밀어야 하잖아요. 그래서 왔겠지 했는데, 계속 오더라고요. 그리고 어느 날 예배 때 보니까, 두 눈이 빨개요. 그때 왜 그랬어요?

이전에 저의 삶은 나 하나만 바라보는 삶이었어요.

스크린에 설치미술 작품이 보인다. 조명기기 여러 대가 빈 무대를 환하게 비추고 있다.

나만 바라보고 나만 챙기는 것이 삶의 목표였는데, 교회를 다니면서 주변을 보게 됐습니다. 이웃을 보게 되고, 가까이 있는 사람들을 다시 보게 되고. 제가 처음에 속한 가정 교회 목자가 나들목교회 변혁사역 센터장이었고, 한빛누리 재단의 이사였어요. 그 영향으로 세상을 기독교 가치관으로 계속 보게 하더라고요.

저 작품은 박이소 작가의 〈당신의 밝은 미래〉라는 작업인데요. 무대를 밝히는 엄청나게 강한 조명이 여러 개가 있지만, 그 조명을 받는 대상은 없습니다. 그냥 흰 벽이죠.

정말 상징적인 작품이네요. 화려한데 비어 있다. 저런 공허한 상태에서 교회를 온 건가요?

나만 바라보고 나만 챙기는 것이 삶의 목표였는데, 교회를 다니면서 주변을 보게 됐습니다. 이웃을 보게 되고, 가까이 있는 사람들을 다시 보게 되고. 제가 처음에 속한 가정교회 목자가 나들목교회 변혁사역 센터장이었고, 한빛누리 재단의 이사였어요. 그 영향으로 세상을 기독교 가치관으로 계속 보게 하더라고요.

자신만 추구하다가 새로운 가치관으로 세상을 보기 시작한 거네요. 교회에 나온 지 1년이 지나고 나서 세례를 받았어요.

스크린에 박성태의 세례식 사진. 예배 장소인 학교 대강당에서 김형국 목사가 집례하는 세례를 받고 있다.

세례식 때 사진인데요. 2013년 7월 7일이니까, 10년이 조금 넘었네요. 그때 썼던 고백문이 있는데, 일부분을 읽어 주시겠어요?

"나들목교회에서 예배를 드린 지 1년이 넘었습니다. 처음에는 김형국 목사님을 만나기 위해서 찾아갔습니다. 목사님이 어떤 분인지 알아야 했습니다. 욕심꾸러기인지, 성령이 충만한 분인지, 그러다 덜컥 예수님을 만나게 됐습니다. 나도 모르는 사이에 그분이 제 마음속에 계시다는 것을 느끼게 됐고, 자연스럽게 주님께 고백하고 있는 내가 어색하지 않게 되었습니다.

제가 예수님을 만난 것은 이번이 처음이 아닙니다. 저는 천주교에서 세례를 받았습니다. 그러나 주님을 주인으로 받아들이고 살지 못했습니다. 진정으로 회심하지 않았던 거지요. 세례를 받고 성당에 나가고 나중에 집 앞의 교회를 다니면서도 하나님을 외면하고 살았습니다. 예배 시간에 예수님이 날 찾아주신다는 것을 느끼면서도 그분을 무시하고 거절했습니다. 아픈 이야기지만 저는 오히려 세상의 논리대로 좀비처럼 살았습니다. 주님이 주신 시간과 재능을 낭비했습니다. 주어진 시간과 재능이 제 것인 양 오직 저만을 위해 썼습니다. 그러다 보니 제 삶에는 황당한 야심만 가득 차 있었습니다. 텅 빈 충만을 위해 이기적 행동을 앞세우고 작은 이익에 이리저리 눈치만 보다 보니 소중한 사람들을 잃어버리고 영적으로 알거지가 되어버렸습니다. 그러면서도 남들이 누리는 세상의 화려한 것을 가지려 했습니다. 무엇보다 세속적인 계산으로 가득 차 있는 편협한 정신을 추종했습니다. 주님 없는 삶에 대해 질문을 던지지 않았습니다. 주님께 심판을 받을 것을 알면서도 애써 불안하지 않다고 다짐했습니다. 불현듯 삶에 대한 질문이 떠오를 때도, '괜찮을 거야. 아니 어쩔 수 없어'라며 성찰을 거부했습니다. 기도를 드리기도 했지만 모두 저를 위한 기도였습니다. 성덜컥 예수님을 만나게 됐습니다.
나도 모르는 사이에
그분이 제 마음속에 계시다는 것을
느끼게 됐고, 자연스럽게 주님께
고백하고 있는 내가
어색하지 않게 되었습니다.

경을 길흉화복을 점치는 도구로 사용했습니다. 주님은 그때도 저에게 응답해 주시곤 했습니다. 그래도 그를 찾지 않고 아무렇지 않게 하루살이 삶을 지속했습니다. 지금 돌이켜보니 세속의 명령과 타자의 시선, 그리고 평판에 두려워 떨면서 연명했던 것 같습니다. 저를 깨우는 뜨거운 꿈도 없었습니다. 꿈이 뭐냐는 질문을 받고는 당황했습니다.

하나님을 만나고 작은 변화가 일어나고 있습니다. 교회에 나와 예배를 드리고 기도하는 삶을 살면서, 제 스스로를 낮추고 매 순간 예수님을 바라보려고 노력하고 있습니다. 제 마음속에 교회 공동체 안에서 모여 살고 싶다는 작은 소망도 품게 되었습니다. 그리고 주님이 주신 소명이 있음을 깨닫고 지금 하고 있는 일들을 잘할 수 있도록 도와달라고 기도드리고 있습니다."

교회를 다니고 하나님을 만나면서 조금씩 변하기 시작했어요. 아주 극적인 변화는 아니어도 삶에 많은 변화가 찾아왔는데, 변화를 일으킨 가장 큰 이유나 깨달음은 뭘까요? 교회에 나간다고 해서 모두 변하고 성장하지는 않잖아요?

여러분, 교회를 다니면 사람들은 그리스도인이라고 해요. 출석하고 예배드리고 헌금하면, 그리스도인이라고 쳐줘요. 하지만 기독교라는 종교가 있을 뿐, 하나님을 만나서 인생이 바뀌는 이야기는 드물어요. 하나님을 믿는다고는 하지만 사실은 안 믿고 있어요. 세상을 믿고, 하나님은 도구인 거죠. 세상살이에 필요한 도구. 그런 상태로는 절대 거듭날 수 없습니다. 기독교는 그렇게 싸구려가 아닙니다. 많은 사람이 착각합니다. 사람들이 많이 모이면 그곳을 교회라고 생각합니다. 박성태 님도 그전까지는 하나님을 제대로 믿지 않았고, 하나님을 그저 도구 정도로 생각했어요. 세상 사람들처럼 자신을 추구하며 살았죠. 그러다가 삶의 한계에 부닥친 겁니다.

하나님을 인격적으로 믿고 주님으로 고백하기까지 어떤 깨달음이 있었어요?

제가 처음에 놀랐던 것은 자기중심성이 죄라는 말씀이었어요. 처음에는 잘 이해가 안 가더라고요. '내가 나를 생각하는 게 왜 죄일까?' 이런 생각을 하다가 계속 설교를 들으면서 자기중심성이 죄라는 것을 나중에 깨달았습니다.

매우 중요한 부분입니다. 하나님께 나아가려면 죄가 뭔지, 죄의 심각성이 뭔지를 알아야 합니다. 그런데 대개는 죄를 윤리적 문제로만 생각해요. 윤리적으로 잘못한 것, 양심에 좀 거리끼는 것을 죄라고 생각하는데, 그건 죄의 증상이나 열매입니다. 기독교가 말하는 죄의 본질은 자기가 주인이 되어 있는 상태를 말합니다. 인생과 만물의 주인은 하나님이기 때문에, 하나님을 제거해 버린 상태가 죄인 거죠. 그런 죄의 결과로 죄의 열매가 나오는 거고요.

이처럼 죄의 의미와 심각성을 알아야 '아, 내가 죄인이구나!'라는 사실을 알고, '그래서 내가 헛된 걸 좇을 수밖에 없었구나!' 하고 깨달아요. 그제야 예수가 우리 죄 때문에 십자가에서 죽으셨다는 의미가 와닿는 거죠. 그렇지 않으면… 박성태 님도 뭐, 그동안 큰 죄를 안 지었잖아요? 살면서!

… 네. (청중의 웃음소리) 저는 죄를 크게 지었습니다. 자기중심적으로 살았기 때문에 큰 죄를 지었습니다. 그런데 작은 죄는 거의 안 지었던 것 같습니다.

이 부분도 매우 중요해요. '작은 죄는 별로 안 지었다!' 그래서 자신을 죄인이라고 생각한 적이 없는 거죠. 그러다 나중에 알게 됩니다. '아, 내가 큰 죄를 지었구나! 내가 하나님을 무시했구나! 내가 하나님 없이 살았구나!' 이것을 깨달으면 그제야 예수님이 날 위해 돌아가셨다는 것이 와닿습니다. 그때부터 변화의 문이 열리기 시작하죠.

어떤 변화가 가장 큰 변화였어요?

너만 보지 말고 주변을 보라는 메시지가 가장 강력했습니다.

그 메시지를 하나님께서 어떻게 주셨나요?

주일 설교의 많은 부분을 나 아닌 사회를 보라는 말씀으로 저는 받아들였어요.

스크린 위로 박성태가 처음 속했던 홍제가정교회 사진. 십여 명의 식구들이 가족처럼 다정하게 카메라를 응시한다.

저 사진이 홍제가정교회 사진인데요. 가정교회 목자님 직장이 바로 옆

건물이었습니다. 교회 나오면 보고, 직장도 가까이 있고, 가정교회 때 만나고 하니까, 일주일에 한 서너 번 만났어요. 만날 때마다 저한테 "형님, 이거 공부해야 합니다. 이런 일 해야 합니다"라고 계속 말하니까, 사람이 변하더라고요.

설교만으로는 사람이 변하지 않아요. 설교를 들으면 각성되지만, 그대로 사는 사람이 가까이 있어야 '아, 설교가 진짜구나!'라는 생각이 듭니다. 물론 설교도 중요합니다. 개인 구원과 성숙만이 아니라, 세상이 얼마나 깨져 있는지, 하나님이 그 세상에서 무슨 일을 하고 계신지를 이야기해야 성도의 눈이 열립니다. 하지만 눈이 열렸다고 칩시다. 설교에서 들은 대로 사는 성도가 없으면 게임은 끝난 거죠. 말씀대로 살려고 애쓰는 사람들이 교회 안에 있는 것이 매우 중요합니다. 사람은 듣고도 배우지만, 보고 배우는 게 더 크거든요. 그래서 가정교회가 참 소중합니다.

제가 알기로는 '72시간 역사기행'이 의미가 깊었다고 하던데요?

교회에 '72시간 역사기행'이라는 프로그램이 있었습니다. 72시간 동안 여수, 광주, 제주, 부산까지 다녀오는 여행이었는데요. 첫날은 여수에서 새벽 일 나가시는 분들이 묵는 찜질방에 묵었습니다. 새벽에 여수에 도착해서 2시쯤 자려고 하는데, 도저히 잘 수가 없었어요. 고된 노동을 하는 분들이 묵는 곳이어서 일단 냄새가 좀 났습니다. 그리고 이부자리도 어떻게 여기서 자나 싶을 정도였어요. 그래서 프로그램을 짠 교회 식구를 비난했죠. 72시간 역사기행이 아니라, 72시간 빈민 체험이다, 이러면서요. 그렇

게 고생하며 여행했는데, 그 여행이 저한테는 중요한 계기가 되었습니다.

우리가 처음에 이야기한 근사함과는 반대쪽이죠. 누구는 명품을 사는 데 1년에 1억을 쓰고, 반대로 누구는… 그 바닥의 찌든 냄새를 잘 모르는 분이 많을 거예요. 숨쉬기조차 불편한 그 냄새를 맡으며 하룻밤을 자고 다시 노동 현장으로 가죠. 세상의 현실을 보게 하려는 고도의 전략이 아니었을까요?

그 경험만 했으면 프로그램을 기획한 분과 관계가 소원해졌을 텐데요. (웃음) 둘째 날은 소록도 애향원이라는 나환자촌에 갔습니다. 거기서는 제가 지인 찬스를 써서 좋은 숙소를 잡고, 그곳에 묵으면서 광주 5.18 묘역도 참배하고, 광주아시아문화전당도 갔습니다. 그리고 여행하느라 다들 고생하는데 저녁 식사 한 번은 근사하게 하고 싶어서, 몇몇 사람들하고 돈을 모아서 돼지갈비도 먹고 음료도 좀 마셨습니다. 숙소로 돌아오는 한 시간 반 동안 승합차 안에서 모두가 큰 소리로 찬양했는데… 그 기억을 잊을 수 없습니다. '같이 찬양하는 우리 안에 주님이 계신다.' 당연히 조금씩 느끼고 있었지만, '아, 이게 사는 거구나!' 하는 생각을 했습니다.

음료 때문에 그런 건 아니었고요?

예산이 너무 적어서 다른 주는 못 만났습니다. (웃음)

너무 상징적이지 않아요? 샤넬 파티에 근사하게 모인 사람들, 그리고 작은 승합차를 타고 한 시간 반을 이동하면서 함께 노래하는 사람들. 어떤 게 더 근사해 보이나요? 어떤 게 평생 잊을 수 없는 순간일까요? 두 장면이 너무나 대조가 되네요.

저는 박성태 님을 처음 만났을 때, 세상을 보는 시야가 굉장히 넓은 사람으로 착각했어요. 워낙 문화에 관심이 많아서 사회 전반에 대해서도 잘 이해하고 있을 거로 생각했는데, 사회가 어떤 방식으로 돌아가고 세상이 얼마나 엉망진창인지 잘 몰랐더라고요. 그런데 그 시각이 확 열린 거죠. 하나님을 만나고 난 다음에요.

네. 하나님이 열어주셨습니다.

하나님 때문에 세상을 보는 눈이 달라졌다면 문화기획자로 살아가는 삶도 바뀌었겠네요?

제가 〈건축신문〉을 1년에 네 번 정도 발행하는데요. 제호는 '건축신문'이지만, 내용은 건축과 비건축, 정치와 비정치, 문화와 비문화, 다양한 주제가 섞여 있는 매체입니다. 주요 내용 중에 내몰린 사람들과 내모는 주체에 관한 이야기가 많습니다. 그리스도인들은 모여서 함께 예배하고 찬양하는 시간을 통해 서로가 고양되고 성찰하는 시간을 가지잖아요. 그처럼 일주일에 하루는 여러 분야 사람들이 우리 재단 사무실에 모여서 사회적 주제를 놓고 이야기를 나누고는 했어요.

스크린 위로 재단 사무실 모습. 작은 원형 테이블 주변에 사람들이 모여 있다.

'통의동집'이라고 사무 공간이 20평 정도 되는데, 50-60명 정도가 모였고, 많이 모일 때는 100명 정도 모였어요. 다 같이 우리가 당면한 문제를 논의하고, 해결할 방법이 뭘까를 놓고 계속 이야기를 나누었어요.

원래 사람들을 모아서 같이 이야기하는 걸 좋아해요?
저는 무대 울렁증도 있고, 사람 만나는 것을 상당히 어려워하는 사람입니다.

그런데 저 많은 사람하고 매주 포럼을 했어요?
거의 매주 했습니다.

제가 박성태 님을 좀 특별하게 생각하는 지점은 이렇게 교회 안에서 경험한 좋은 것을 세상으로 흘려 보낸다는 점이에요. 하나님은 우리가 교회 안에만 머물기를 바라지 않으세요. 세상이 엉망이라서 하나님이 우리를 부르셨는데, 교회 안에서 우리끼리만 잘 지내면 안 됩니다. 교회에서 배운 것을 가지고 자신이 살고 있는 현장으로 가야 합니다. 박성태 님은 내몰린 사람들에게 관심이 있어요. 그리스도인의 마음을 가지고 현장으로 들어간 거죠. 그리스도인들이 교회 안으로 매몰되면, 세상 밖으로 내몰리는 사람에게 무관심해져요. 참 희한하죠? 정작 하나님은 내몰린 사람들 편에 서라고 우리를 부르셨는데 말이죠. 그래서 박성태 님의 행보가 참 의미 있다고 생각해요.

스크린에 '보더리스 사이트'라고 적힌 현수막이 내걸린 문화역서울284 건물과 아르코미술관에서 열린 전시 풍경.

내몰린 사람에 관한 관심이 발전해서 나중에는 경계에 서 있는 사람들과 그들의 경계에 관한 전시를 기획했죠?

네, 중국 단둥에 있는 이주민과 경계인들, 독일로 이주한 시리아 난민, 일본 자이니치 코리안, 국내 외국인 노동자에 관한 연구를 10년 동안 꾸준히 했습니다. 저 〈보더리스 사이트〉 사진은 열 명 넘는 예술가들과 단둥을 열 차례 정도 방문해서 거기서 일하는 한국 사람들, 조선족, 북한 사람들, 중국 사람들을 인터뷰한 내용을 전시했던 사진이에요. 아르코미술관에서 열린 전시는 내몰린 사람들을 위한 전시였어요. 〈뉴 셸터스: 난민을 위한 건축적 제안들〉 전시 장면입니다.

스크린에 베네치아 비엔날레 전시 사진이 보인다.

이곳은 베네치아 비엔날레 한국관이죠?

네, 한국은 세계적으로 보기 드물게 급성장한 나라잖아요. 매우 발전한 나라입니다. 한국은 자원은 풍부하나 미개발 상태인 동아시아와 아프리카 나라들의 모범 사례예요. 그런데 '한국이 정말 모범일까?'라는 질문이 있었습니다. 다른 나라 사람들이 우리를 아무리 모범 사례로 본다고 해도, 한국 사회 안에는 소외된 사람들도 많잖아요. 그래서 우리가 갖추지 못한 시민의 공간을 건축적으로 살펴보면서 정말 유토피아란 뭔가 하는 고민을

전시로 풀어보고 싶었습니다.

자… 점점 복잡하고 재미없는 주제로 가는 거 같죠? (웃음) 박성태 님이 베네치아 비엔날레 한국관의 감독을 했었어요. 지금까지 이야기했던 주제를 국제적으로 공유하는 데까지 발전해서, 저 또한 옆에서 기쁘고 흐뭇하게 바라봤습니다. 건축 이야기는 이 정도하고, 다른 관심 분야를 이야기할까요? 사람들이 함께 모여 사는 것에 관심이 있던데요.

공동체에 관심이 있어서 공동 주거를 어떻게든 시도해 보고 싶었어요.

원래 공동체에 관심이 있던 건 아니잖아요?

전혀 없었죠.

그런데 하나님을 만난 다음에 공동체에 관심이 생겼고, 평소 천착하던 건축과 연결되어 공동 주거로까지 발전했군요.

네. 한국에는 별로 없지만 유럽의 사회주택은 건축가한테 무척 중요한 프로젝트거든요. 건축가가 세상에 자기를 알리는 중요한 작업이기도 한데, 한국은 사회주택이 거의 없다시피 해서 평소에 교류하는 건축가들과 계속 생각을 공유하고 있었습니다.

스크린에 통의동 골목의 깔끔하게 지은 3층짜리 통의동집이 보인다.

'통의동집'을 소개해 주시죠.

통의동집은 통의동에 있는 집이고요. (웃음) 한 층 면적이 20평 정도 됩니다. 1층에는 우리 재단 사무실이 있었습니다. 10평은 사무 공간, 10평은 아까 보신 모임 공간, 이렇게 사용했고요. 지하에는 주방이 있습니다. 그리고 2층과 3층은 일곱 명이 거주하는 셰어하우스였습니다.

실험적이었습니다. 지금도 통의동집은 운영되고 여성만 거주하고 있습니다. 조금 비싸다는 비판이 있었죠?

주변 시세의 80%이긴 했지만 다른 지역에 비해서는 좀 비쌌죠. 그러다 보니까 '이건 운동성이 없어!', '우리에게 필요한 것은 가난한 사람들을 위한 좋은 집이야!' 이런 비판이 재단 안팎으로 상당히 많이 있었습니다.

스크린 위로 성북천 변에 있는 5층 주택인 용두동 집. 각 층 창문을 강조한 독특한 디자인이 눈에 띈다.

그리고 신설동에서 '용두동집'을 시도했는데, 거기는 조금 달랐나요?

개념은 똑같습니다. 공동 공간과 사적 공간을 잘 나누어 설계하면, 자연스럽게 공간 안에 공동체성이 생기고, 공유 공간이 공동체성을 잘 지지할 것이라는 기본 개념으로 만들었습니다. 그래서 1층에는 카페, 지하에는 모임 공간, 2층에는 공유 주방, 3층에는 공유 세탁 공간을 두었고 3층에서 5층까지 여섯 가구가 함께 사는 공동주택입니다.

지금도 용두동집은 여섯 가구가 재밌게 잘 살고 있습니다. 하지만 이 공동 주거도 또 다른 면에서 어려움이 있었죠?

공동 주거는 한국 사회에서 좋은 점이 많습니다. 새로운 세상을 꿈꿀 수 있는 좋은 프로그램인데, 재단 내부에서 경제적 면을 놓고 갈등이 많았습니다. 가령 100이라는 자원이 있으면, 그걸 여기에 투자하는 게 맞는지, 아니면 더 가난한 사람들을 쓰는 게 맞는지에 대해 이견이 있었죠. '과연 저 방식이 사회를 위한 최선이냐?' 이런 질문과 비판이 계속 있었습니다.

선한 일을 하면 사람들이 박수칠 것 같잖아요? 선한 일도 사람들은 비평합니다. 저마다의 각도로 비평해요. 비평이 비난이 될 때도 있고요. 사실 비난을 안 받으려면 아무것도 안 하면 돼요. 그냥 가만히 있으면 돼요. 아무리 좋은 일이라도 이렇게 쉽지 않은데, 그럼에도 뜻을 굽히지 않고 계속 해나가는 힘은 어디서 나오는 건가요? 원래 의지가 강한 편인가요?

저는 연약한 사람입니다. (청중의 웃음소리) 상처도 아주 잘 받고요. 그때 제가 잘 극복했다고 말씀드리기는 어렵고, 사실 녹다운 됐었습니다. 주변 사람들과 관계가 어려워지면서 동굴 속으로 피하기도 했고요. 그런데 그때마다 '아, 나와 함께하는 사람이 있구나!', '같이 이 길을 가는 사람이 있구나!', '내가 다시 힘을 내야겠다!' 이런 생각을 했습니다.

함께 가는 사람들에 가정교회가 포함되나요?

네. 그렇습니다.

스크린에 지금 속한 분당가정교회 단체 사진. 시외 한적한 곳에서 어른과 아이 십여 명이 행복한 표정으로 카메라를 응시하고 있다.

가정교회가 어떤 도움이 되었어요?

본인들은 잘 모를 겁니다. 제가 내향적인 사람이라 누구한테 고민을 토로하는 게 참 어렵습니다. 고민이 있으면 끙끙 앓는 편입니다. 혼자 제 마음속에 가두고, 피해 있고, 혼자 기도를 해요. 그런데 가정교회 식구들이 각자 말씀 안에서 어떻게 살았는지를 나눌 때, 저한테 하는 말처럼 들린 적이 많았어요. 그 말을 통해 제가 회복되고, '아, 그렇지. 하나님이 그렇게 일하시지. 나한테 주신 소명은 이런 거지' 하는 깨우침도 생기고요. 가정교회 공동체에 기대서 꾸역꾸역 여기까지 온 것 같습니다.

여러분, 하나님을 만나고 새로운 비전이 생겼다고 해도 그걸 이루려 애쓰며 살기란 참 어렵습니다. 그 자체도 어려운데, 시도했다가 비난이 쏟아지면 더 고통이 크죠. 하지만 그 길을 계속 가게 하는 사람들이 있습니다. "그렇게 사는 게 맞아! 소중한 일에 충성하고 가치 있게 사는 거야! 그게 진짜 인생이야! 진짜 근사한 삶이야!" 이렇게 이야기해 주는 사람들이 있어서 그 길을 계속 갈 수 있습니다. 혼자 돈키호테처럼 살 수는 없잖아요. 그런 면에서 같이 세상에서 분투하고 있다는 사실만으로도 교회 식구들은 큰 도움이 되죠. 같이 걸어가면서 "이게 맞아!"라고 이야기해 주는 것, 너무나 소중합니다.

분당가정교회에 속해 있죠? 가정교회 식구들이 뭘 준비했다고 하네요.

무대 위로 분당가정교회 식구 아홉 명이 나와 준비한 한웅재 목사의 〈소원〉을 부른다. 박성태를 응원하는 마음이 목소리와 표정에서 물씬 풍긴다.

소원

삶의 작은 일에도 그 맘을 알기 원하네
그 길 그 좁은 길로 가기 원해
나의 작음을 알고 그분의 크심을 알며
소망 그 깊은 길로 가기 원하네

저 높이 솟은 산이 되기보다
여기 오름직한 동산이 되길
내 가는 길만 비추기보다는
누군가의 길을 비춰준다면

내가 노래하듯이 또 내가 얘기하듯이 살길
난 그렇게 죽기 원하네
삶의 한 절이라도 그분을 닮기 원하네
사랑 그 높은 길로 가길 원하네

그 좁은 길로 가기 원하네
그 깊은 길로 가기 원하네

노래를 마치자, 가정교회 식구 한 사람이 "성태 형님!" 하고 외치고, 다른 식구들이 한목소리로 "함께 가요!"라고 외친다. 가만히 말을 잇지 못 하는 박성태.

정말 귀하고 아름다운 노래 감사해요. 사실 혼자서는 못 가요. 수많은 그리스도인이 교회를 다녀도 다르게 살려는 시도조차 못 하고, 만에 하나 시도했다가도 꾸준히 그렇게 살지 못 하는 이유는, 세상이 가르친 방식대로 각자도생해서 그래요. 그렇게 해서는 하나님 나라 사람으로 살 수가 없어요. 세상의 근사함이 우리를 에워싸고 있거든요. 일주일 내내 근사한 삶을 보여주면서 그 인생과 내가 멀리 떨어져 있다는 자괴감을 느끼게 하는 세상이에요. 그래야 사람들이 열심히 번 돈으로 자신을 그럴듯하게 보이게 하는 상품을 사거든요. 그렇게 자본주의가 돌아갑니다. 이런 세상에서 다른 류의 근사함을 추구하기는 어렵죠. 루저가 되는 것 같고. 그래서 건강한 공동체에 속하는 것이 아주 중요한 것입니다. 하나님과의 관계 역시 중요합니다.

하나님과의 관계는 지난 10년간 어떻게 발전해 왔어요?

그 부분이 너무 부끄러워서 인터뷰 설교를 열 번 정도 거절했습니다. 하면 안 될 것 같더라고요. 너무 부끄러워서요. 그런데 목사님이 하나님이 주시는 선물로 생각해 보라고 하셔서, 부끄럽지만 그냥 선물로 받아들이고 준비했지만······.

(청중에게) 인터뷰 설교는 이야기 나눌 분이 준비가 안 되면 할 수가 없습니다. 억지로 이야기를 꾸며낼 수는 없거든요. 그래서 어쩌면 못 할 수

도 있다는 배수의 진을 치고 준비합니다. 더군다나 박성태 님은 주님을 따른 지 10년밖에 안 돼서 영글지 않은 부분이 있어요. 그럼에도 제가 보기에는 엄청난 변화가 있었고 그 변화를 예배 때 나누면 좋겠다고 생각했죠. 하지만 본인 스스로 준비가 안 됐다고 해서 어쩌면 못 할 수도 있겠다고 생각했어요. 그즈음에 제가 갑자기 맹장 수술을 하는 바람에 모든 일정이 취소되었고—

저는 그때 '주님 감사합니다!'

본인이 사랑하는 목사가 아파서 수술하고 있는데, 감사합니다? (웃음)
… 라고 생각했다가 바로 반성했습니다.

덕분에 한 달 정도 더 생각할 시간이 있었는데, 지나온 삶을 정리해 보니까 어땠어요?
결국은 어떤 일을 하든, 얼마나 성공하든, 어떤 성과를 보이든, 세상에서는 그런 것도 중요하겠지만, 그것보다 우리가 이렇게 모여서 예배드리듯이 함께하는 삶, 같이 걸어가는 삶이 무엇보다 중요하다는 것을 깊이 깨달았습니다.

그전에는 혼자 달려가는 삶이었다면, 이제는 동행하며 함께 걷는 삶!
네. 그리고 일상 가운데서 하나님과 늘 교제하는 삶을 꿈꿉니다. 나만을 위한 삶, 우리 사회를 위한 삶만이 아니라, 주님과 가까이 있는 삶을 소망

합니다. 곧 오실 주님을 만날 그날까지, 계속해서 주님과 더 깊은 관계로 나아가고 싶습니다.

  이 모든 것이 하나님을 만나지 않았다면 이루어질 수 없는 일이었죠. 주님 때문에 세상을 바라보는 시야도 열리고, 주님 때문에 공동체도 만나고, 주님 때문에 비난을 받고 어려움을 겪으면서도 선한 일을 계속 시도하고. 사실 엄청난 변화입니다. 혁명과도 같은 이 길을 잘 가려면 아까 부른 노래 가사처럼 그분과 더 깊어져야 끝까지 갈 수 있습니다. 더 좁은 길이 될 수도 있고, 더 깊은 길이 될 수도 있지만, 그 길을 계속 가려면 다른 방법은 없습니다. 이 시간에 자신의 소중한 이야기를 들려주신 박성태 님에게, 그 길을 잘 걸어가라고 큰 박수로 응원해 줍시다.

우리는 세상에 속으며 살아요. 세상 문화는 피상적이고 물질적이고 순간적인 근사함을 끊임없이 보여줍니다. 많은 사람이 그 멋지고 화려한 근사함을 바라보지만, 거기에 이르는 사람은 극소수입니다. 나머지는 모두 루저가 됩니다. 이게 세상의 방식입니다. 박성태 님 이야기를 준비하면서 에베소서 4장 22-24절 말씀이 와닿았습니다.

> 여러분은 지난날의 생활 방식대로 허망한 욕정을 따라 살다가 썩어 없어질 그 옛 사람을 벗어 버리고, 마음의 영을 새롭게 하여, 하나님의 형상을 따라 참 의로움과 참 거룩함으로 지으심을 받은 새 사람을 입으십시오.

하나님을 만나지 못 하면 세상의 방식대로 살 수밖에 없어요. 다른 방법이 없습니다. 사람들은 근사하게 살고 싶어합니다. 실상은 영원하지 않고, 썩어 없어지고, 잠깐 있다가 사라지는 것인데도 가질 수만 있다면 가지려고 합니다. 자기 안에서 진정한 근사함이 만들어질 수 있다고 믿지 않기 때문에 명품이 필요합니다. 근사한 인격을 가질 수 없고, 근사하게 살 수 없다고 생각하기 때문에 고급스러운 명품을 찾습니다. 그래서 자본주의 사회는 명품을 구매할 수 있으면 대단한 사람이라고 추켜세웁니다. 모두가 속는 거죠. 정작 명품을 가진 사람은 바람처럼 사라질 것을 추구하는 허무한 인생일 뿐인데 말이예요.

에베소서는 '마음의 영을 새롭게 하여… 새 사람을 입으십시오'라고 말합니다. 하나님을 믿음으로 우리는 새로워집니다. 우리 존재와 신분이 달라져서 우리의 시야와 세상을 바라보는 방식이 달라지는, 근본적인 변화가 일어납니다. 하나님의 형상을 따라 새 사람을 입은 사람의 특징은 '의로움'과 '거룩함'입니다. 깜짝 놀랄만한 사실입니다. 비유하자면, 우리가 명품이 된다는 말입니다. 그 명품의 특징이 무엇인가요? 의로움입니다. 여기서 말하는 의로움은 유교적 의가 아니라 하나님과의 관계와 사람과의 관계가 올바르다는 말입니다. 그리고 거룩함은 하나님을 닮은 속성입니다. 다시 말해서 우리가 하나님과 사람과 평화를 누리고, 우리 인격이 하나님을 닮아갑니다. 하나님의 원래 디자인이 우리 인생으로 들어옵니다. 이 놀라운 사실을 알지 못 하면, 세상 디자이너가 만든 명품을 추구하며 살 수밖에 없겠죠. 그 두 가지 삶이 얼마나 다른지요.

여러분은 둘 중 어느 근사함을 추구하며 살고 싶나요? 세상은 명품으로 포장된 근사함을 추구하라고 합니다. 상대적 박탈감을 느끼며, 거의 모두가 루저가 되는, 신기루 같은 근사함입니다. 그러나 하나님은 모두가 명품이 되는 삶으로 우리를 초대합니다. 끊임없는 경쟁과 유아독존으로 살아야 겨우 얻을까 말까 한 명품이 아니라, 모두가 명품이 되는 인생으로 우리를 이끄십니다.

박성태 님은 세례를 받은 지 10년밖에 안 지났어요. 앞으로 20-30년, 그 이상 살아가겠죠. 그 기간에 하나님이 박성태 님을 더 멋진 명품으로 만들어 가실 겁니다. 그리스도인으로 산다는 것은 세월이 흐르는 게 더 좋고 기대가 되는 참 이상한 종류의 삶입니다. 하나님이 우리를 더 근사하게 빚어가시니, 가끔 넘어지고 완전히 실패한 것 같아도, 그리고 그런 일이 자꾸 반복돼도 그분의 의지와 신실함에 기대어 다시 일어납니다. 그 길을 걸으면서 우리는 하나님이 허락하신 근사한 삶을 누립니다. 그 놀라운 삶을 꿈꾸고, 실제로 누리며, 또 주변 사람들을 섬기며 살아가기를 바랍니다. 그런 우리 모두가 되기를 주님의 이름으로 축복합니다.

돌아가지 않는 탕자에서 섬기는 이가 되다

유현숙 2003년 6월 22일 세례(나들목교회), 재단법인 한빛누리 법인운영 종합지원실장, 네이버 스마트스토어 하모니플랜트 대표, 서로교회 모래내가정교회 언약가족, 딸에게 좋은 엄마이자 엄마에게 좋은 딸이 되려고 노력하며 서울시 은평구에서 삼대 모녀가 살고 있다. 직장에서 은퇴하면 취미로 시작한 원예사업으로 이웃과 조화로운 꽃 세상을 만들고 싶어 한다.

결핍이 운명이었다

오늘은 인터뷰 설교를 하기 전에 노래 한 곡을 듣고 시작하려고 합니다. 박수로 맞이해 주세요.

한 사람이 기타를 들고 무대로 올라간다. 스크린에 고(故) 김광석의 〈서른 즈음에〉라는 노래 제목이 보인다. 건반 연주를 시작하자 기타를 든 사람이 마이크로 다가가 읊조리듯 노래한다.

"점점 더 멀어져 간다. 머물러 있는 청춘인 줄 알았는데 비어가는 내 가슴 속엔 더 아무것도 찾을 수 없네."

노랫말이 혼잣말처럼 청중에게 다가간다.

"조금씩 잊혀져 간다. 머물러 있는 사랑인 줄 알았는데 또 하루 멀어져 간다. 매일 이별하며 살고 있구나."

이 노래는 오래전에 만든 노래지만 지금도 세대를 뛰어넘어 많은 사람이 듣고 부르고 있어요. 그만큼 이 노랫말에 많은 사람이 공감하고 있다는 거겠죠. 머물러 있는 청춘인 줄 알았는데, 머물러 있는 사랑인 줄 알았는데, 점점 멀어져 가는, 시간이 지나도 결코 채워지지 않는 깊은 공허. 맞아요. 사람들 내면에는 이런 마음이 있어요.

이제 한 사람을 무대로 초대하고자 합니다. 어쩌면 평생 공허한 노래만 부르면서 살 뻔했던 분인데요. 그분의 인생 이야기를 들으면서 공허한 노래가 어떻게 다른 노래로 바뀌었는지 함께 생각해 보겠습니다. 유현숙 자매를 무대 위로 모시겠습니다.

서른쯤에 유현숙 자매는 어떤 인생을 살고 있었어요?
스스로 돌아가지 않는 탕자.

돌아가지 않는 탕자?
다니던 교회를 떠나서 그냥 직장생활만 하고 살았어요.

교회에 나가지 않았던 특별한 이유가 있었어요?
중학교 3학년 때 여름 수련회에 가면서부터 교회를 다니기 시작했어요. 스물여섯 살까지 열심히 교회를 다녔죠. 교회 생활이 정말 즐겁고 재밌고 추억도 많았어요. 그러다 언제부턴가 교회에 가면 답답했어요. 누가 저에게 구원에 대한 확신이 있는지 물어보면 그렇지 않은 것 같고, 뭔가 내 삶에 변화도 없고, 인생 목표도 뚜렷하지 않고, 내게 모범이 되거나 닮고 싶은 교회 어른들이 보이지도 않았어요. 그리스도인은 그냥 이게 다인가? 그런 생각을 하면서 차츰차츰 교회에 안 나가게 됐어요.

서른쯤에는 누가 나에게 교회 가자고 하면, "난 돌아가지 않는 탕자야!" 이러면서 살았어요. 제가 어렸을 때는 무척 온순하게 자랐는데 성인이 되니까 권위적인 것을 참지 못하겠더라고요. 나를 옭아매는 것들이 굉장히 힘들었어요. 그래서 권위적인 부모님에, 권위적인 목사님에, 권위적인 직장까지 더해져서 크게 반발하는 순간이 있었죠.

건강한 권위는 좋은 것이지만, 부당한 권위를 만나면 무척 답답하죠. 그래서 '좀 더 큰 자유를 위해 교회를 다니지 않고, 내가 원하는 대로 살아야겠다.' 이런 생각을 한 거네요.

그때가 1990년대였으니까 새로운 가치관으로 세상이 급변하는 시기였고, 저도 좀 더 자유로운 여성상을 바랐어요. 그 당시 1960년생 여자들의 삶이라는 게 비슷했거든요. 학교 졸업하고, 몇 년 직장 생활하면서 자금을 모아 결혼하고, 자녀 낳고. 이렇게 사는 걸 당연하게 생각하는 세상이어서 많이 답답했어요. 자유롭게 세계를 누비고 능동적으로 사는 여성이 부러웠거든요. 그래서 나도 내 의지를 가지고 살아가겠다며 패기를 부렸죠.

그래서 이런저런 시도를 많이 했어요?

그런데 제 직장이 완전 권위적인 조직이었어요.

경찰청이었죠?

네, 전 경찰은 아니고 일반 공무원이었는데 적응이 힘들어서 진로를 바꾸려고 대학원에 진학했어요. 사회복지를 공부하다가 그건 또 제 길이 아닌 것 같아서 그만두고 그냥 여기저기 많이 기웃대며 산 것 같아요.

귀농에도 관심 있었죠?

제가 혼기를 놓치고 30대 중반이 되었을 때쯤에─

옛날에는 '혼기'라는 말이 있었어요. (웃음) 요즘은 사라진 단어입니다만.

결혼보다는 내가 행복하고 의미 있는 삶에 더 관심이 갔어요. 자연 친화적이고 조용히 사는 삶을 제가 좋아하더라고요. 그래서 환경단체에도 관심을 갖고, 귀농 단체도 찾아가서 강좌를 들었어요. 거기서 만난 사람들은 사고가 열린 사람들 같아서 함께 이야기하면 굉장히 좋았어요.

그러다 진짜 말이 통하는 사람을 만났군요.

네. 귀농 단체에서 차 강좌를 열었는데 거기서 전남편을 만났어요.

여기서 연애 이야기는 그냥 넘어갑시다. 결혼하고 나서 원하던 대로 아름답고 자유롭고 주도적인 삶을 살게 됐나요?

사실 굉장히 큰 변화였거든요. 그 사람과 결혼하면 지방에 가서 살아야 하고, 가족 관계며 환경도 많이 바뀌어서 큰 결단이 필요했죠. 그래서 주

서른쯤에는 누가 나에게 교회 가자고 하면, "난 돌아가지 않는 탕자야!" 이러면서 살았어요. 제가 어렸을 때는 무척 온순하게 자랐는데 성인이 되니까 권위적인 것을 참지 못하겠더라고요. 나를 옭아매는 것들이 굉장히 힘들었어요. 권위적인 부모님에, 권위적인 목사님에, 권위적인 직장까지 더해져서 크게 반발하는 순간이 있었죠.

변에서 많이 말렸어요. 하지만 제가 서둘렀고 결국 준비가 안 된 상태에서… 결혼을 한 거죠.

많은 사람이 준비되지 않은 상태에서 결혼을 해요. 결혼은 무엇보다도 준비를 많이 해야 하는 굉장히 어려운 일인데, 사랑한다고 느끼면 쉽게 결혼을 결정하고, 준비가 안 된 상태로 결혼해서 많은 커플이 힘들어합니다.
　결혼 초기에 그런 일반적인 어려움을 겪은 건가요?
　여러 상황을 다 말씀드릴 순 없지만, 혼인 신고를 계속 미루다 보니 법적으로는 부부가 아닌 상태로 살았어요. 그러다 1년도 안 돼서 위기를 맞았어요. 사람들의 기대가 있었는데 그것을 채우지 못했고, 여러 가지로 제 잘못도 컸고, 정말 그 위기 상황에서 너무 괴로운 시간을 보냈어요.

　진짜 어려운 시간이었겠네요.
　제 인생에서 가장 힘든 때였어요. 마침 그때, 이전 교회에서 주일학교 교사를 할 때 중고등부 회장이었던 형제한테서 연락이 왔어요. 그 형제가 제 결혼식 사회도 봐주었거든요. 그 형제 소개로 나들목교회를 가게 됐어요.

　그렇게 해서 유현숙 자매와 제가 나들목교회에서 만났어요. 그리고 2003년 6월에 세례를 받았죠. 유현숙 자매의 세례 고백문을 보니까, 그때 심정이 잘 나타나 있어요. 그 부분을 한번 읽어 줄래요? 지금부터 딱 20년 전에 세례를 받았을 때 쓴 고백문의 앞부분입니다.

"본격적인 직장생활을 시작하면서 저는 교회에서 멀어져 갔습니다. 하나님 없이 살고 싶었습니다. 교회가 가진 폐쇄성이 너무 답답했습니다. 내 의지로 선택하는 삶을 살며 그렇게 자유롭고 싶었습니다. 더러 있는 실패와 잘못도 내 자유의 한 모습으로 인정하고 싶었습니다. 잘 살아지는 듯했습니다. 그러나 나침반 없이 살던 내 마음대로의 인생은 조금씩 잘못된 항로로 접어들고 있었습니다. 하나님이 아니라 다른 것을 나침반으로 삼고 살아 보려고 했습니다. 그러나 크게 엇나가지 않을 것 같았던 내 인생은 아예 항로를 이탈하고 말았습니다. 하나님 없이 살았던 내가 자초한 불행이어서 감히 하나님을 원망할 수는 없었습니다. 고통 가운데 절망했던 제게 의지할 대상이 너무나 필요했습니다. 하나님밖에 없다는 생각에 저절로 교회를 찾게 됐습니다. 예배 시간 말씀을 들으면서 지난 10년간 하나님께선 여전히 나를 기다려주고 계셨음을 느꼈습니다. 하나님의 말씀 안에 모든 진리가 있는데 그걸 버리고 바깥에서 찾으려고 했던 내가 너무나 후회스러웠습니다. 돌이켜보면 주님 안에 있으면서 연약한 믿음이나마 가지고 있었던 그때가 가장 행복한 때였습니다. 하나님께서는 나는 너를 용납한다. 나는 너를 사랑한다고 저를 치료해 주셨습니다."

제 기억으로 2002년 가을인가, 나들목교회에 처음 왔죠?

네. 2002년 11월에 처음 나들목교회에 갔고, 2003년 1월에 남편과 헤어졌고, 그해 3월에 임신한 걸 알게 됐어요.

… 결혼이 잘못된 선택인 것을 알고 돌이키려고 했지만, 그조차 쉽지 않은 상황이 되었네요.

제가 그 사람과 헤어진다는 것도 사람들한테 이야기할 수가 없었어요. 가족들한테도.

결혼을 다 반대했었으니까.

네. 말도 못 하고 있다가, 주변 사람들을 놀라게 하는 일을 한 번 하고, 또 몇 번 시도했어요. 저도 그 충동을 어떻게 할 수가 없어서 정신과 병원에 가서 약도 처방받고, 그러던 시기였어요.

얼마나 어려웠을지 자세히 설명할 필요가 없죠. 결혼은 인생을 거는 것인데 그걸 탈출구나 도피처로 생각했다가, 나중에 그 탈출구가 막히게 되면 도피할 퇴로도 보이지 않고, 극단적인 어려움에 봉착하게 되죠. 여기 현숙 자매의 고백문에 이렇게 쓰여 있습니다. "내 의지로 선택하는 삶을 살며 그렇게 자유롭고 싶었습니다. 더러 있는 실패와 잘못도 내 자유의 한 모습으로 인정하고 싶었습니다." 이거 굉장히 멋있는 말이에요. 그리고 굉장히 무서운 말이기도 합니다. 엄청난 대가를 치를 수도 있는 무서운 표현이거든요. "내 마음대로 한번 해 볼 거야! 그 결과도 내가 책임져!" 무서운 말입니다. 그런데 방향이 어긋난 것을 알게 됐고, 다시 돌아갈 데가 하나님밖에 없다고 생각해서 교회로 돌아왔던 거네요. 아이를 가진 걸 알게 됐지만 혼인신고도 안 된 상태였고, 이혼 아닌 이혼을 해야 했고요.

그때 굉장히 힘들었겠어요?

교회에 다시 와서 큰 위로를 많이 받았죠.

(넌지시) 제 설교가 그렇게 위로를 주는 설교는 아니었을 텐데…….

하나님이 저를 용납하신다는 게 굉장히 큰 위로가 됐어요. 그때 목사님이 했던 설교가 '하나님에 대한 오해에서 벗어나기' 이런 거였어요. 사람들이 가지고 있는 하나님에 대한 선입견이 있는데 그것이 실제와 얼마나 다른지, 그런 말씀을 해 주셨는데. '아, 이게 정말 하나님에 대한 진리구나! 기독교가 진짜 진리구나!' 하는 것을 알게 되었고, 죄에 대한 개념도 바로 알게 됐어요. 나 중심으로, 내 맘대로 하는 것이 죄라는 것을 그때 제대로 깨달았죠.

이게 기독교의 핵심이고 근본 진리인데도 잘 모르는 그리스도인들이 많습니다. 윤리적으로 뭘 잘못하거나 사회적인 규범을 어긴 것은 죄의 열매이고요. 하나님이 우주의 중심인데 그 하나님을 없는 걸로 치고 내 마음대로 내 뜻대로 사는 것, 그게 죄의 본질입니다. 인생에서 하나님을 제거하고 내 멋대로 살면서 삶이 항로에서 이탈하기 시작한 것입니다. 하지만 자기가 자초한 어려움이니까 누구를 원망할 수도 없고요. 그런 상태에서 아이까지 가지게 된 것이죠.

하지만 그 일이 저한테는 매우 중요한 계기가 됐어요. 남편과 헤어지고 계속 살기가 싫었거든요. 가족들과 친구들은 새롭게 시작하면 된다고 했

내 의지로 선택하는 삶을 살며
그렇게 자유롭고 싶었습니다.
더러 있는 실패와 잘못도
내 자유의 한 모습으로
인정하고 싶었습니다.

지만, 나는 결국 죽을 수밖에 없구나, 그렇게 여러 번 죽으려고 했어요. 그러다가 어느 순간에, 딱 살아야겠다는 생각이 들었어요. 저한테 생명이 생겼으니까요. 정말 거부할 수 없었어요. 생명이 내 안에서 꿈틀거리고 있는데, 하나님께서도 이 아이가 버려지기를 원치 않으시겠구나 하는 생각이 들었어요. 하지만 내가 책임질 수가 없는데 어떻게 할까, 고민을 엄청 했죠.

교회에 온 지 얼마 안 된 자매였는데 저한테 상담을 요청했어요. 이야기를 듣고 저도 정말 충격이었죠. 지금은 제 나이가 육십이 넘었지만, 그때는 목회를 시작한 지 얼마 안 된 사십대 초반의 젊은 목사였거든요.

목사님께서 제 이야기를 정말 잘 들어주셨고, 선뜻 이렇게 이야기를 하셨어요. "아이를 낳아서 잘 키울 수 있고, 공동체와 함께 키우면 된다." 그때 더 기도해 보자, 더 지켜보자, 이런 이야기를 하시지 않았어요. 정말 선뜻 공동체와 함께 기르면 된다고 이야기하셨거든요.

그때만 해도 우리 공동체가 아직 어릴 때였고, 우리가 잘 해낼지 전혀 알지 못했죠. 하지만 제가 자신이 있어서 그런 것이 아니라, 하나님이 이런 삶을 살라고 우리를 부르셨고, 우리를 그렇게 만드셨다는 믿음 때문에 선뜻 그렇게 이야기를 했어요. 저도 기억나요. 우리가 같이 키우면 되지, 우리 공동체가 키우면 되지, 그렇게 이야기했던 것. 그때 심정이 담긴 세례 고백문을 한 번 더 읽어 볼까요?

"그런데도 잘못된 항로는 수정될 수 있는 것이 아니었습니다. 뻔뻔하게 이전으로 돌려 달라고 기도할 수도 없었습니다. 다만 내 실패는 내가 감당하고 싶었습니다. 결국 택할 수밖에 없다고 느낀 막다른 절벽에서 지독히도 내 존재의 무력함을 느꼈던 그 죽음의 순간에, 뜻밖에도 하나님은 제게 '살림'의 희망을 주셨습니다. 그토록 허무하던 내 모습 그대로 하나님께서 살리기를 원하신다는 것을 알았습니다. 그 살림의 힘을 느끼면서, 작은 실패와 고통만으로도 하나님을 온전히 믿고 의지할 수 없었던 아둔하고 어리석은 나를 오랫동안 기다려주시고 인도해 주신 하나님의 섭리를 가슴 깊이 느꼈습니다. 돌이켜보면 하나하나가 하나님의 섭리였습니다. 제게 새 마음과 새 생명을 주시기 위해 고통 속에서 견디는 힘과 용기를 주시는 사랑이었습니다. 내 맘대로의 삶이 아니고 예수 그리스도 안에서만이 참 자유를 얻을 수 있다는 것을 깨닫게 해 주셨습니다."

세례를 받을 때 사람들은 다 자기 인생을 하나님께 드린다고 생각하고 세례를 받습니다. 하지만 많은 경우, 충분히 내면화되지 않은 상태에서 개념적으로 고백하기도 해요. 그렇게 신앙생활을 시작할 수도 있겠지요. 그런데 이날 현숙 자매는 진짜 죽고 사는 문제와 더불어 자기 자신을 하나님께 드렸어요. 세례식 때의 고백은 자신의 인생과 태 속에 있는 아이의 생명까지, 하나님께 온전하게 드리는 진정한 고백이었어요. 고백문에서 이렇게 표현했죠. '결국 택할 수밖에 없다고 느낀 막다른 절벽에서.' 이게 다 사연이 있는 이야기인데…, '그 죽음의 순간에 뜻밖에 하나님은 제게 살림

의 희망을 주셨습니다.' 그렇게 살림의 힘을 느끼면서 유현숙 자매가 세례를 받았습니다. 이 또한 엄청난 결정이죠.

제가 그때 아이를 낳아서 키우면 된다고, 우리 공동체가 같이 키우자고, 이야기할 수 있었던 것은 두 가지 이유 때문이었어요. 첫째는, 우리 그리스도인들은 모든 생명이 하나님께 있다고 정말 믿어요. 태어나게 하는 분도, 불러가는 분도 하나님이라고 생각해서, 생명에 대한 권리는 우리에게 있지 않다고 봐요. 태아도 생명권을 가지고 있어서 우리가 우리 마음대로 생명을 어찌할 수 없다고 생각하는 거죠. 둘째는, 이런 어려움이 생겼다면 우리 공동체가 같이 키우면 된다는 거였어요. 사실 둘 다 믿음에 근거한 고백이에요. 물론 현실적으로 매우 위험하고 힘든 결정이었고, 당시 저는 어린 목회자였지만, 그렇게 이야기할 수밖에 없었어요. 그런데 그 권면을 현숙 자매가 잘 받아들여서 세례도 받고, 아이도 낳게 되었죠.

사실 남편 없이 엄마가 된다는 것은 정말 어렵고 두려운 일이었을 텐데 그때 무엇이 제일 큰 고민이었어요?

제가 사회복지를 공부할 때는 '내가 어려운 사람들을 도와 준다' 이런 마음이었거든요. 그런데 제가 어려운 사람이 된 거잖아요. 그때 알았죠. '어려운 사람들에 대해 내가 편견이 있었구나. 내가 그 사람들을 차별했구나. 그런데 지금은 내가 그 차별의 대상자가 되었는데, 내가 그걸 잘 견딜 수 있을까?' 이런 두려움이 굉장히 컸죠.

얼마나 두렵겠어요. 평생 그런 차별을 겪으며 살아야 한다고 생각하면.

나도 힘들지만 내 아이가 차별을 잘 견디며 살아 낼까, 이런 두려움도 있었겠죠. 이제는 어쩔 수 없이 결핍투성이 엄마로 살아야 한다고 생각했을 것 같은데, 아이를 낳고 키우는 과정이 어땠어요?

사실 엄마가 된다는 건, 굉장히 다른 일이잖아요. 다 어렵고 막막했죠. 제가 임신 상태로 교회에 왔을 때 함께 교회 봉사를 하던 팀이 있었는데, 그분들이 많이 도와주었어요. 제 고민도 들어주면서 저를 돌봐준 거죠.

교회 공동체 생활은 어땠나요?

세례를 받고 가정교회에 들어갔는데, 가정교회에 가서 정말 많이 울었어요. 그때 아이를 낳는 모든 과정도 가정교회 식구들이 다 같이 해 주셨죠. 마침 저만 임신한 게 아니고, 목자님 가정과 또 다른 자매까지 해서 세 가정이 아이를 달마다 낳았어요. 아이들이 어렸을 때 서로 복작복작하면서 방마다 들어가서 기저귀 갈고, 그렇게 같이 애들을 키웠어요. 은혜 돌잔치도 해 주고, 무슨 일이 있으면 먼저 달려와서 이야기해 주고 기도해 주고 그랬어요.

> 이야기를 나누는 동안, 당시 가정교회 식구들이 모여 있는 사진이 스크린에 보인다. 소박하면서 다정하게 웃는 얼굴들.

가정교회는 단순히 교회 소모임이 아니라 대안 공동체예요. 공동체가 무너진 세상에서 예수님을 중심으로 모여서 예배하는 대안 공동체죠. 현숙 자매는 출산 초기부터 그 가정교회 식구들과 같이 아기를 낳고 같이 돌보면서 살았던 거네요. 그때는 거주할 집도 마땅치 않았을 텐데, 주거 문제는 어떻게 해결했어요?

출산하고 친정엄마 집에서 살다가 아이가 6개월 됐을 때 독립했어요. 그때 월세집 보증금이 필요했는데, 바나바하우스란 이름으로 교회에서 보증금을 도와주셨어요. 거기서 제가 월세를 내면서 은혜가 일곱 살 될 때까지 둘이서 살았어요.

스크린에 바나바하우스 풍경. 벽돌집 복도에서 웃고 있는 어린 은혜.

바나바하우스는 나들목교회 초기에 주거 문제가 너무 불확실한, 형편이 어려운 분들을 위해서 교회에서 전세금을 대주고 본인이 월세를 내면서 살 수 있도록 했던 프로젝트였어요.

바나바하우스 몇 호였죠?

저는 2호요.

그래서 프로젝트가 몇 호까지 갔었죠?

5호까지.

네. 그때 나들목교회가 바나바하우스를 다섯 집 정도 운영했는데, 점점 필요가 사라졌어요. 그리고 나중에 바나바하우스의 명칭을 따서 바나바하우스밥집, 줄여서 '바하밥집'이라는 도시빈민급식 사역을 시작했죠. 지금은 '푸른고래 리커버리센터'라고 청년들의 고립과 은둔을 예방하고 회복하도록 돕는 사역으로 발전했고요. 그 일을 하는 김현일 김옥란 부부가 바나바하우스 1호였었는데, 1호와 2호 다 귀한 열매를 맺었네요.

바나바하우스에서 살다가 은혜가 일곱 살 때 국민임대주택으로 들어갔어요. 그때까지 너무 고마웠죠.

아무래도 은혜가 어릴 때는 현숙 자매네가 보살핌을 받는 가족이었을 텐데, 지금은 가정교회에서 어떤 역할을 하고 있어요?

제가 목자님 부부보다 나이도 많고 교회도 더 오래 다녔으니까, 목자님을 도와서 가정교회에 중심이 되는 가족이 되려고 했어요.

어려운 가족도 목자와 함께 돌보고요?

돕고 싶은 마음으로 그냥 옆에 함께 있어요.

함께 옆에 있는 게 돕는 거죠. 인생의 어려움을 겪는 사람들에게 우리가 할 수 있는 일은 많지 않아요. 그저 내가 옆에 있다, 떠나지 않고 지켜본다, 그런 마음을 나누는 거죠. 같이 있어 주는 게 힘이 되는 거죠. 하지만 가정교회 식구들은 대부분 부부 중심일 테고, 한 부모 가정으로서 고민이 많았겠어요.

아이를 혼자 키우면서 아버지의 존재에 대해서 고민이 많았어요. 무엇보다 고민했던 것은 아빠의 결핍이었거든요.

그래서 아이 아빠를 찾아갔나요?

전남편에게 거절당하는 게 힘들었지만, 아이를 위해서 노력은 해 봐야 할 것 같아서, 10년 사이에 두 번 정도 만남을 가졌어요. 처음에는 아이를 위해서 법적으로 이름을 올릴 수 있는지를 이야기했는데 거절당했거든요. 그리고 한참을 살다가 아이 아빠에게 내가 복음을 전하고 공동체에서 같이 살자고 하면, 다시 가정을 만들 수 있지 않을까 하는 생각으로 연락을 했었어요. 그런데 전혀 그럴 생각이 없더라고요. 그 사람은 다른 세계에 사는 사람이고, 우리를 조금도 책임지려고 하지 않았어요. 그래서 이 관계는 끝내는 게 맞겠다, 생각하고 마음을 딱 접었죠. 그때 결단했던 것 같아요. '더 이상 아빠의 결핍 때문에 힘들어하지 말고, 내가 엄마이자 아빠가 돼 주자!' 그렇게 생각하니까, 마음이 굉장히 자유로웠어요.

굉장히 중요한 변곡점이에요. 사람은 누구나 결핍이 있어요. 그런데 문제는 그 결핍이 잘 해결되지 않는다는 거예요. 없어지지 않고 인생의 상수로 남아 있을 가능성이 많아요. 그런데 그걸 해결하려고 사람들은 애쓰고 집착하죠. 거기서 나오는 게 고통이에요. 그게 불교의 사상입니다. 세상은 고통의 바다인데 이 고통은 집착 때문이다, 집착을 끊으면 고통에서 벗어난다, 그런 점에서 기독교와 비슷한 면이 있어요. 고등 종교는 거기까지는 서로 비슷해요.

이 아이한테 아빠의 존재를 줘야 하고, 정상적으로 보이는 가정을 만들어 줘야 한다는 생각을 붙잡고 있으니까 편안할 수가 없죠. 그런데 어느

순간 그 집착을 놔 버린 거예요. 내려놓음과 내팽개침은 달라요. 현숙 자매는 내려놓고 수용한 거죠. '아, 이건 바뀔 수 없는 거구나! 이것을 인생의 상수로 받아들이고 살자! 더 이상 집착하지 말자!'라고 생각할 때 비로소 자유해진 것 같아요.

그걸 깨닫기까지 그렇게 오래 걸릴 줄 몰랐어요. 10년이나 걸렸어요. 아이에게 빚진 마음을 이제부터는 내가 좋은 엄마가 되어서 갚아야겠구나, 은혜를 잘 돌봐야겠구나, 하고 제 생각이 바뀌었어요.

아빠 없이도 내가 엄마와 아빠 역할을 다 하면서 애를 키울 수 있겠다, 키워야 되겠다. 그렇게 마음이 확 바뀐 거죠.

이게 작은 이야기 같아도 결코 작은 이야기가 아닙니다. 장애라고 할 수도 있고, 결핍이라고, 고통이라고 할 수도 있는데, 이것은 해결되지 않겠구나, 절대 해결되지 않는 거구나, 하고 깨달아지면 그다음에는 해결되지 않은 상황에서도 잘 살아야겠구나, 하고 수용해야 해요. 수용 못 하면 죽을 때까지 집착하고 매여서 사는 거죠. 그러기까지 10년이 걸렸다고 하니까 정말 어려운 과정을 지났네요.

교회에서 비슷한 어려움을 겪는 사람들을 봤어요. 공동체에서 도와드리려고 다가가면 자꾸만 피하고 혼자 있으려는 모습을 많이 봤죠. 그런데 저는 교회에서 일을 하니까 그럴 수가 없었는데, 그게 다 하나님께서 주신 은혜라는 걸 깨닫기까지 오랜 시간이 걸렸어요.

공동체가 가까이 있어도 아이를 키우려면 경제적 문제가 컸을 텐데 어떻게 해결했어요?

아이를 낳고 석 달째부터 나들목교회에서 일을 했어요. 경리를 맡아서 단기 아르바이트로 일을 했는데, 계속할 줄은 몰랐어요. 제가 회계 공부를 한 적이 없어서 배우면서 일을 했죠.

이전 직장에서 회계 업무를 해 본 게 아니잖아요. 배우면서 일하는 게 어땠어요?

많이 어려웠죠. 그런데 일하면서 깨달은 게, 교회만 아니라 작은 비영리단체들도 회계 담당 직원을 두기가 어렵다는 사실이었어요. 교회 사역을 한 지 10년이 넘었을 때, 앞을 위해서 좀 더 전문적인 공부가 필요해 보였어요. 그때쯤 몸도 아프고 어지럼증 때문에 교회 사역을 그만뒀고, 쉬는 동안에 회계전문자격증을 따서 미래를 준비했어요.

저는 이런 모습이 굉장히 존경스러워요. 자기가 선택할 수 있는 여러 분야가 있지만, 세상의 이쪽이 빈구석이야, 내가 좀 준비하면 그 빈구석을 채울 수 있을 것 같아, 해서 그 빈구석을 찾아 준비한다는 게 놀라워요.

어떤 사람은 기도 중에만 하나님께서 비전을 주는 줄로 아는데, 이미 우리에게 주신 것도 많아요. 휘황찬란한 꿈을 꾸고, 환상을 보고 하나님의 뜻을 발견하는 게 아니라, 하나님이 우리에게 보여주시는 빈구석에 그분의 부르심이 있을 수 있거든요.

열심히 준비해서 회계전문자격증을 따고, 그래서 어떻게 됐어요?

어느 비영리단체에서 일할 뻔했어요. 그런데 그즈음에 교회에서 다시 연락이 왔어요. 교회 행정 쪽이 아니라 변혁 사역팀에서 일했으면 좋겠다고요. 그래서 다시 교회로 갔고, 변혁 사역팀으로 일하게 됐죠.

스크린에 교회 변혁 사역을 함께 했던 사람들의 사진.

당시 나들목교회 변혁사역팀에서 하는 일이 많았어요. 그런데 재정 문제가 늘 어려웠죠. 아뜰어린이집, 나들목도서관, 바하밥집 빈민 사역, 여러 사역이 있는데 재정적으로 잘 정리해 줄 사람이 필요했어요. 그때 현숙 자매가 다시 와서, 과거와 다른 전문가로 3년 정도 했나요?

네. 3년 동안 굉장히 재밌게 일했고, 변혁 사역에 너무 귀한 일들이 많아서 정말 신나고 보람 있었어요.

그 뒤로 지금은 어떻게 일하고 있어요?

2019년에 한빛누리라는 비영리 단체에 재정을 맡아줄 사람이 필요해서, 한빛누리로 이직을 했어요.

한빛누리는 어떤 단체인가요?

재단법인인데, 공익사업을 하는 공익법인이고요. 기독교 공동체와 교회 공동체를 섬기는 곳이에요. 저는 거기서 법인 운영의 재무를 담당하고 있습니다. 공익기금 사업은 70여개 단체를 지원하는데, 여러분도 잘 아시는 비영리단체가 많아요. 제가 2015년에 교회를 그만둘 때, 그런 소감을 나눴어요. 제가 공부를 더해서 교회나 작은 단체를 돕는 그런 사람이 되겠습니다. 그렇게 인사를 했는데 2019년에 딱 그 일을 하게 된 거죠.

하나님께서 현숙 자매의 소중한 꿈을 기억하고 계셨네요. 여기서 잠깐! 깜짝 인터뷰 영상을 보여 드리겠습니다. 현숙 자매가 직장에서 정말 제대로 일하고 있는지, (청중의 웃음소리) 지금 함께 일하고 있는 분들의 목소리를 들어보겠습니다.

황인주(전 나들목교회 관리지원 센터장)
"제가 유현숙 실장님을 알게 된 것은, 나들목교회를 시작하고 2003년에 교회에서 같이 사역을 하면서였어요. 그 일이 전문 영역은 아니었지만, 교회를 위해서 굉장히 수고하셨어요. 육체적으로 힘든 여러 가지 일이 많았는데, 본인 힘을 다해서 열심히 최선을 다해 주셨고요. 때로는 탈진이 올 때까지도 맡은 일에 책임을 다했던 모습이 기억에 남습니다."

노혜영(한빛누리 본부장)
"우리 유현숙 실장님은 한빛누리 재단에 정말 꼭 필요한 존재입니다. 재단 특성상 회계나 재정운영 부분이 매우 중요한데요. 유현숙 실장님께서 꼼꼼하고 세심하게 살펴주시고, 또 전문적으로 관리를 해 주셔서 든든합니다. 숫자를 보는 것이 쉬운 일이 아닌데, 몸이 약하심에도 불구하고 그 일들이 완성될 때까지 책상에서 움직이지도 않고 집중하는 모습을 보면, 정말 존경스럽기도 합니다. 유 실장님 덕분에

지난 10년간 하나님께선 여전히 나를
기다려주고 계셨음을 느꼈습니다.
하나님의 말씀 안에 모든 진리가 있는데
그걸 버리고 바깥에서 찾으려고 했던
내가 너무나 후회스러웠습니다.

재단의 각 사역이 원활하게 돌아가고 있고, 또 우리도 안정감을 가지고 일하고 있습니다."

조소원(한빛누리 공익기금 사업팀 간사)
"직장에서 상사에게 일에 대해 묻거나 고민을 얘기하는 것이 참 불편하잖아요. 그런데 유 실장님한테는 그런 어려움이 전혀 없어요. 언제나 잘 들어주시고 공감해 주셔서, 어떤 이야기든 편하게 실장님과 이야기할 수 있어요. 덕분에 직장에서 각자 일만 하는 것이 아니라, 서로를 돌보고 지켜줄 수 있는 관계로 발전되는 것 같아요. 가끔 본인에게 있었던 일이나, 은혜를 키우면서 들었던 생각을 이야기해 주세요. 곁에서 늘 함께했던 공동체 덕분에 어려운 시간을 잘 이겨냈다고 얘기도 해 주시고요. 지금은 오히려 실장님이 공동체에서 그리고 직장에서 힘이 되고 의지할 수 있는 분으로, 옆에 계셔서 너무나 든든하고 좋습니다. 이 자리를 빌어서 고마운 마음을 전합니다."

20년 전에는 인생의 앞길이 하나도 보이지 않았고, 결핍투성이 엄마로 이 세상을 잘 살아 낼 수 있을까 정말 막막해 보였는데요. 지금은 가정교회 공동체에서 돕는 사람으로, 세상에서도 자신의 꿈을 이루며 세상의 필요를 채워주는 자로 멋지게 성장하셨네요. 그 길을 20년 가까이 옆에서 같이 걷고 바라보던 한 사람으로서, 저도 기쁘고 울컥할 정도로 감동입니다.

이전에는 결핍투성이 엄마가 될 것을 걱정했다면, 지금은 어떤 엄마인 것 같아요? 우리 은혜도 많이 컸죠?

스물 한 살이 됐어요. 어렸을 땐 저하고 너무 달라서 정말 힘들었어요.

기질이 달랐어요?

정말 상극이거든요.

다 그래요. (웃음)

서로 마음을 맞추는 데 한 10년이 걸렸어요. 그 10년을 고비로 서로 소통하는 것이 많이 달라졌어요. 사춘기 넘어서면서 또 다른 어려움도 있었지만, 사실은 은혜가 저를 더 사랑해 줬어요.

맞아요. 때로는 자식이 엄마 아빠를 더 사랑하는 것 같다는 느낌이 들어요. 사랑하는 마음으로 간절하게 부모를 바라거든요.

딸 은혜가 자라가면서 어떤 부분을 가장 많이 신경 썼어요?

저는 딸이 당당하게 세상을 살아가는 게 중요하다고 생각했어요. 그렇게 가르치려고 보니까 제가 먼저 당당한 사람이 되어야겠더라고요. 그냥 좋은 엄마로 보이는 시늉이 아니라, 진짜 성장하는 엄마가 되자. 이렇게 마음을 먹었죠. 그리고 내가 아이를 훈육할 때, 내가 어릴 적에 받았던 상처나 쓴 뿌리가 올라오곤 하는데, 그걸 아이에게 똑같이 대물림하지 말자. 감정이 올라오더라도 아이가 내 감정받이가 되지 않도록 늘 조심하자. 이런 생각을 자주 했어요.

좋은 부모가 되려면 내가 좋은 사람이 되어야 해요. 지금 굉장히 중요한 이야기를 했어요. 자기 속에 있는 대물림된 쓴 뿌리를 해결하지 못 하면 결국 자기에게 남아 아이에게 흘러가죠. 애를 사랑하지만 자기도 어떻게 할 수가 없는 거예요. 아이가 가장 약자이기 때문에 해결되지 못한 나쁜 감정이 올라오면 결국 아이가 피해를 입는 거죠.

하나님께서 저에게 주신 선물인데 그렇게 할 수는 없죠.

그것도 굉장히 중요한 성찰이네요. 자녀가 내 것이 아니라 하나님의 선물이다.

정말 그런 마음으로 딸을 키우려고 했어요. 그리고 좋은 엄마가 되려면 강요하지 말아야겠다고 생각했어요. 아이의 재능이나 여러 가지를 보면, 잘하도록 막 시키고 싶고, 제 마음대로 조종하고 싶은 게 있잖아요. 그럴 때 강요하지 않고 은혜가 스스로 할 수 있도록 많이 노력했어요. 좋은 엄마가 되는 것이 나의 부르심이다, 엄마로서 저를 이렇게 정리했어요.

좋은 엄마가 되는 것이 나의 부르심이다.

네, 고3 때 은혜하고 가장 친밀한 시간을 보냈어요. 주로 아침에 학교 갈 때 그리고 저녁에 학원에서 돌아올 때 자동차로 픽업해 주면서 좋은 이야기를 많이 나눴고, 기다리는 동안 은혜를 위해 기도를 많이 했어요. 은혜가 공부하느라 피곤했을 텐데도 그 시간을 참 좋아했던 것 같아요.

인터뷰 설교를 준비하면서 이 이야기는 못 할 수도 있겠다고 생각했어요. 왜냐하면 은혜가 준비되어 있지 않다면 이야기할 수 없는 거죠. 오늘 예배를 준비하면서 은혜하고 어떤 이야기를 나눴어요?

처음에 인터뷰 설교를 하겠다고 결심했던 이유는, 제가 공동체에서 받은 사랑이 많아서 그것을 감사하는 마음으로 나누려고 했어요. 그런데 목사님께서 '은혜가 준비되지 않았다면 인터뷰 설교로 상처 받을 수 있으니, 하면 안 된다'라고 이야기해 주셨어요. 그때부터 은혜를 위해서 인터뷰 설교를 준비하자고 마음먹었어요. 저는 은혜가 정말 하나님의 사랑 받는 존재라는 것을 이야기해 주고 싶었거든요. 그래서 따로 만나서 진지하게 말했어요. 은혜가 처음 듣는 이야기도 하고, 엄마가 이런 인터뷰 설교를 준비하고 있는데, 네 이야기를 꺼내도 괜찮냐고 물었어요. 그랬더니 은혜가 '나는 한 부모 가정에 태어나고 자라면서 힘들었던 것이 별로 없었다, '엄마 혼자서 엄마 아빠 역할을 다 하는 게 안쓰러웠지, 나는 그렇게 힘들지 않았다.' 그러는 거예요. 그래서 '엄마도 힘들 때 상담도 받고 그랬어. 너도 힘들었던 부분이 있으면 편하게 얘기해 줘.' 그랬는데, 은혜가 정말 진심으로 상처를 숨기는 게 아니라고 말해 줬어요.

은혜와 이야기하고 나서 깨달았어요. 하나님이 우리를 지켜주신 거구나! 내가 세상의 편견과 차별 속에서도 잘 살아왔던 것, 두려움이 많았지만 생각보다 어려움이 적었던 것, 세상의 따돌림과 나쁜 것에서 은혜가 안전하게 컸던 것, 괜찮았다고 말해 줄 수 있을 만큼 은혜가 잘 자란 것. 이게 모두 다 하나님께서 은혜와 나를 지켜주신 거구나! 내가 만날 우리를 지켜 달라고 기도했으면서, 정말로 지켜주신 것을 잘 몰랐구나. 그걸 이번에 깨달았어요.

스크린 위로 은혜가 직접 그린 엄마와 함께 웃고 있는 그림이 보인다. 평안한 얼굴로 눈을 감고 있는 엄마와, 엄마에게 기대고 행복하게 웃고 있는 딸의 모습.

은혜가 정말 잘 컸네요. 이제는 엄마의 마음을 알고서 오히려 엄마가 안쓰러웠지, 나는 괜찮았다고 이야기할 만큼이요. 얼마나 감사한지 모르겠습니다. 은혜는 미술에 소질이 있어서 지금 미대에서 공부하고 있어요. 여러분이 보고 있는 그림은 은혜가 그린 그림입니다. 딸이 그려 준 엄마의 모습, 참 좋네요.

누구나 결핍이 있어요. 현숙 자매가 가진 결핍은 좀 더 큰 결핍이라고 말할 수도 있겠죠. 그런데 이 결핍을 극복할 수 있었던 이유가 있다면, 마지막으로 이야기해 주실래요?

분명한 이유는 하나님의 사랑이에요. 사실 20년 전에 다시 교회에 오면서 두려움이 많았어요. 그랬는데 그분의 사랑을 내가 받아들이고, 그 안에 머물러 있었던 것이 힘이 되었어요. 용기와 지혜를 주시길 기도하면서 그분에게 의지하는 법을 배웠던 것 같고요. 그 의지가 나중에는 자유함이 되었어요.

그리고 무엇보다 공동체의 힘이 컸어요. 은혜를 키우면서 저 혼자 있지 않고 저를 지지해 주는 소중한 공동체가 있어서 이 과정을 걸어갔던 것 같아요. 알게 모르게 도와주신 분들도 많아요. 그 이야기를 하고 싶은데요. 은혜가 열 살이 됐을 때, 신소영 사모님이 교육보험을 하나 들어주셨어요. 은혜가 대학 갈 때 사용하면 좋겠다면서 10년간 부어주셨어요. 은혜가 대학에 입학하고 나서 함께 보험회사에 가서 계약자 이름을 제 이름으로 바꿔 주셨어요. 그런데 목사님은 모르셨더라고요.

　우리집 이야기가 나와서 좀 민망하네요. 저도 나중에 알았어요. 현숙 자매 가정을 위해서 기도해 주는 사람들이 많았죠?
　네, 이 자리를 빌려서 나들목교회 시절 중보기도팀과 서로교회에서 중보기도 해 주신 많은 분에게 고마운 마음을 전합니다. 지금 이 자리에도 많은 분이 와서 앉아 계신데요. 평소 저희 가정을 위해서 기도해 주시는 분들이라 제가 어려울 때마다 기도 제목을 막 드렸어요. 그때마다 기도해 주셔서 너무 든든했어요. 진심으로 고마운 마음을 전합니다.

　20년 전에는 앞이 전혀 보이지도 않았고, 평생 결핍투성이 인생으로 살지 모른다는 두려움을 가졌는데, 오늘 현숙 자매님 이야기를 들어보니까요, '그렇지 않다. 그걸 혼자 극복한 건 아니지만 함께 걸어가는 공동체와 그 가운데 계신 하나님으로 인해서, 결핍이 오히려 한 사람의 성장점이 될 수 있다'라는 것을 보았습니다. 지난 20년 동안 하나님을 잘 따라서 성장한 유현숙 자매님과 이 자리에는 없지만 은혜에게도 박수를 보내주세요.

우리 인생은 결핍을 피할 수 없어요.
만약 지금까지 결핍 없이
자라왔다면 기억하세요.
결핍 있는 사람을 도우라고
나를 부르신 거예요.
그게 하나님의 뜻이에요.

우리 인생은 결핍을 피할 수 없어요. 그것이 가정에서 올 수도 있고, 육체에서 올 수도 있고, 정서에서 올 수도 있습니다. 경제적, 사회적, 정치적인 것으로 올 수도 있어요. 그래서 모두 결핍을 경험하고 살아요. 지금 이 순간에도 숨쉬기조차 힘들고 어려운 분들이 계실 거예요. 물론 별다른 결핍이 안 느껴지는 분들도 계실 겁니다. 지금 나에게 결핍이 없다, 별다른 어려움이 없다, 잘 살고 있다, 그러면 잠깐 방학인 거예요. 조금 있으면 개학이 옵니다. 인생의 어려움이 꼭 찾아옵니다. 결핍, 장애, 고통은 세상을 살아가는 사람들의 상수예요. 없어지기를 바라지만, 그것의 종류도, 그것의 시기도 우리가 선택하지 못해요. 그게 인생의 특징입니다.

그런데 어떤 사람들은 이런 결핍과 고통 속에서도 성장해요. 그중 한 사람이 성경에 나오는 사도 바울인데요. 그의 글을 잠깐 읽어드리겠습니다. 고린도후서 12장 7절에서 9절입니다.

내가 받은 엄청난 계시들 때문에 사람들이 나를 과대평가할는지도 모릅니다. 그러므로 내가 교만하게 되지 못하도록, 하나님께서 내 몸에 가시를 주셨습니다.

하나님이 가시를 주신 것은 사실입니다. 이 가시가 뭔지는 학자마다 해석이 달라요. 어쨌든 자기 스스로 해결할 수 없는 큰 고통이에요. 그런데 바울이 그 가시를 어떻게 해석했냐면, 내가 받은 계시와 영적인 어떤 축복이 너무 커서 사람들이 나를 과대평가할지 모르고, 그래서 내가 교만해질 수도 있기 때문에, 하나님께서 이런 나에게 결핍과 장애와 어려움을 주셨다는 것입니다.

그것은 사탄의 하수인이라고 할 수 있는데, 그것으로 나를 치셔서 나로 하여금 교만해지지 못하게 하시려는 것이었습니다.

이 말씀을 보면, '교만해지지 못하게 하시려고 했다'는 말이 두 번이나 나옵니다. 이건 그의 해석이죠. 고통을 당하고 있는 건 그의 현실이고요. 이 고통을 어떻게 해석하느냐, 사실은 그 관점이 모든 문제를 해결해요. 그래서 바울이 어떻게 했냐면,

나는 이것을 내게 떠나게 해달라고 주님께 세 번이나 간청하였습니다.

세 번 간청했다는 말은 세 번 기도했다는 뜻이 아니라 충분히 기도했다는 뜻이에요. '너무 고통스럽습니다. 너무 힘듭니다. 이 결핍을, 이 문제를 나에게서 없어지게 해 주세요'라고 충분히 기도했다는 거죠. 그런데 없어지지 않았어요. 바울같은 우리의 영적인 대선배의 기도도 하나님께서 들어주시지 않고 그냥 내버려 두신 거예요. 그리고 하나님께서는 9절에,

그러나 주님께서는 내게 이렇게 말씀하셨습니다. 내 은혜가 네게 족하다. 내 능력은 약한 데서 완전하게 된다.

내 은혜가 너에게 족하다. 네가 나를 얻었으니 됐다. 내 사랑을 받았으니 됐다. 결핍은 네 인생의 몫이니, 그냥 지고 가라. 괜찮다. 내가 너와 함께한다. 내가 너를 사랑한다. 오히려 너에게 약한 부분이 있어서, 거기서 나의 능력이 강하게 나타난다. 이렇게 말씀하십니다. 바울의 반응은요?

그러므로 그리스도의 능력이 내게 머무르게 하기 위해서 나는 더욱더 기쁜 마음으로 내 약점을 자랑하려고 합니다.

바울은 '나의 결핍을, 나의 고통을, 나의 장애를 나는 자랑합니다'라고 합니다. 그곳에 그리스도의 능력이 머물러 있기 때문이죠. 처음에 현숙 자매에게 살아온 이야기를 예배에서 나눌 수 있냐고 물었더니 깜짝 놀라더군요. "제 이야기를요? 저 못해요!" 하지만 오늘 이렇게, 자기 안에 있는 약점과 아픔 가운데 하나님께서 어떻게 일하고 계셨는지를 이야기하게 되잖아요.

여러분에게 어떤 결핍이 있다면 꼭 기억하십시오. 이 세상을 살아가면서 그것을 피할 수 없습니다. 종류도 택할 수 없고, 강도도 택할 수 없고, 시기도 택하지 못해요. 그냥 상수예요, 우리가 원하지 않는 상수. 그리고 그 고통은 모든 사람에게 최고치이기에 서로 비교할 수 없어요. 그래서 남의 고통에 대해서 함부로 아는 척하지 말아야 해요.

결론적으로 기억해야 할 것은 첫째, 이것이 인생이다. 고통이 없으면 잠깐 방학이다. 그리고 만약 지금까지 내가 결핍 없이 자라왔다면 기억하세요. 결핍 있는 사람을 도우라고 나를 부르신 거예요. 아, 세상 속에서 여러 결핍으로 고통당하는 사람을 섬기라고 나를 부르셨구나. 그게 하나님의 뜻이에요.

두 번째로 기억해야 할 것은, 이런 결핍을 경험하게 될 때 세 번 기도하는 것이에요. 충분히 기도하십시오. 하나님에게 그 결핍을 치워달라고, 없애달라고, 그 장애를 극복하게 해달라고 기도하세요. 여러분은 하나님께 기도할 자격이 있습니다. 우리는 하나님께 탄원드릴 수 있습니다.

하지만 마지막으로 기억해야 할 세 번째는, 그 기도를 하나님께서 들어주시지 않을 수도 있다는 것입니다. 하나님께서 말씀하시기를, "내 은혜가 네게 족하다, 오히려 그 가시가 너에게 있어야 한다"라고 하십니다. 우리는 이해하지 못 합니다. "왜요 하나님? 도대체 왜?" 나중에는 이해가 될지도 모르겠어요. 살아 있는 동안 이해한다면 그건 큰 축복이에요. '내 은혜가 네게 족하다. 오히려 내 능력이 너의 약한 데서 강해진단다.' 이것을 깨닫는 것은 다른 차원의 영적 성장이기 때문이에요. 나에게 이런 문제가 있고, 결핍이 있고, 아픔이 있지만, 이건 내 몫이구나. 내가 그냥 지고 살아도 되는구나. 하나님의 은혜가 내 속에 계시는구나 하고요.

우리는 이 땅을 살아가면서 우리의 결핍을 경험하거나, 이웃의 결핍을 경험하며 살아갑니다. 그때 세상에 속지 마세요. 세상은 결핍을 가진 사람들이 다른 사람과 비교하며 상대적 박탈감을 가지게 하지만, 거기 속지 마세요. 운이 좋아서 결핍 없이 사는 사람도 있어요. 세상은 그들에게 "남의 결핍까지 신경 쓰지 말고, 자기 행복만 누리고 살아도 돼!"라고 말하지만, 거기에도 역시 속지 마세요. 둘 다 속임수예요.

  사랑하며 사는 삶이 뭘까요? 어렵지만, 책임을 지려는 삶입니다. 자기 짐을 지고 서로를 돌보는 삶입니다. 한 아이를 키우려면 한 마을이 필요하다. 이런 말 들어보셨죠? 그 말을 다르게 바꾸어 볼까요? 한 사람을 살리려면 한 공동체가 필요하다. 내가 결핍과 장애와 고통을 겪고 있을 때, 내 이웃이 결핍과 장애와 고통을 겪고 있을 때, 그 한 사람을 살리려면 한 공동체가 필요합니다. 여러 사람이 함께 도와야 합니다. 결핍투성이 엄마로 살 뻔했던 현숙 자매가 좋은 엄마, 능력 있는 크리스천 직장인으로 살아갈 수 있었던 것은 건강한 공동체에 속해서 충분한 사랑과 은혜를 누릴 수 있어서 가능했습니다. 여러분, 그런 공동체로 사시겠습니까? 서로에게 그런 공동체가 되어주시겠습니까? 결핍, 피할 수 없지만 그 결핍은 우리를 다른 종류의 인생으로 인도하는 축복의 문이 될 수도 있습니다.

세상의 성공이 아닌 하나님의 선한 일에 도전하다

손병기 1986년 세례(군 교회), 장안양조장 부사장, 위스테이별내사회적협동조합 전 이사장, 나들목동행교회 겨자씨마을 마을지기, 강별말레이시아가정교회 목자. 언덕 위 나무처럼 든든한 아빠이자 함께 길을 걸어가는 친구 같은 남편, 저서『두 번째 인생』(씽크스마트),『49가지 품성에 기초한 성품리더십 계발』(동문사).

성공하고 싶었다

특별한 분을 모시고 이야기 나눌까 합니다. 이분을 무대로 모실 때, 제안에 특별한 기쁨이 있는데요. 그 이유는 저와 함께 20년 가까이 늙어간 분이기 때문입니다. 결코 적은 세월이 아니죠. 20년 동안에 사람이 변하고 삶이 변하는 과정을 지켜보았기 때문에 지금 이 무대가 저에게도 매우 특별하게 다가옵니다. 나는 '성공을 꿈꾸는 직장인'이었다. 손병기 님을 무대로 모시겠습니다. 박수로 맞아 주세요.

손병기 님하고 저하고는 오랜 시간을 같이 걸어왔어요.
네.

수염이 너무 멋있어요. 저도 좀 기르다가 최근에 잘랐는데, 같이 수염을 기르고 앉았으면 그림이 재밌을 뻔했네요.
아닙니다. (웃음)

모든 사람이 성공하길 원합니다. 잘 살고 싶어서 그래요. 성공해야 잘 산다고 생각해서 거의 모든 사람이 성공을 추구하며 살아요. 손병기 님도 청년 시절에 성공을 꿈꾸며 사셨을 것 같은데, 어떤 성공을 꿈꾸셨나요?

저는 지방에서 대학을 졸업하고 대기업에 입사했는데, 쟁쟁한 대학 출신 동기가 많더라고요. 내가 여기서 살아남는 방법은 딱 한 가지밖에 없다, 실력으로 인정을 받아야 한다, 이렇게 생각하고 좌우간 굉장히 노력했습니다. 그때는 주 6일 근무여서 토요일까지 일하고, 남들 쉬는 일요일에도 회사에 나가서 또 일하고, 하여튼 죽어라 열심히 일했어요.

대기업 취직도 쉽지 않은 일인데요. 언제 서울로 올라오셨죠?

처음에는 전주 공장으로 발령받았고 그때 아내가 교편생활을 하고 있어서 저만 전주에서 계속 근무했어요. 그러다 여수로 갔고, 다시 전주에서 프로젝트를 하다가 본사로 발령을 받아서 서울로 왔죠.

서울 본사에서도 계속 승진하셨나요?

빨리 성공하고 싶었어요. 그래서 회사에서 남들이 꺼리는 일들을 제가 맡아서 하고, 또 그 일을 잘 해내서 능력도 인정받았어요. 회사에서 제가 책임자로 일할 때 공장을 증설하는 큰 공사를 했었어요. 규모가 꽤 컸는데 금요일 저녁에 전산 시스템에 오류가 발생해서 시스템이 갑자기 멈춘 거예요. 그때는 다 전산으로 처리했기 때문에, 잘못하면 공사가 중단될 위기에 처한 거죠. 멈춘 장비를 가지고 여기저기 수소문했지만 안 되고 안 되고 그랬는데, 기적적으로 부산에서 하드웨어를 90%까지 복구했고, 그걸 다시 마이크로소프트 슈퍼바이저가 95%까지 복구해서 겨우 위기를 넘겼어요. 3일 동안 잠도 안 자고 복구 작업을 해서 능력도 인정받고 승진도 할 수 있었죠.

위기가 오히려 좋은 기회가 됐네요. 이런 일이 참 놀랍긴 하지만, 지금 우리가 손병기 님의 성공 사례를 들으려고 모인 건 아니잖아요? 궁금한 게 있는데, 그때도 교회에 나가셨나요?
네. 교회… 교회 다녔죠.

청중의 웃음소리

아니 왜들 웃으세요? 그때 손병기 님에게 하나님은 어떤 존재였어요?
… 아내를 대학교 1학년 때 만났어요.

캠퍼스 커플?
네. 8년 연애하고 결혼했는데 아내는 그때도 굉장히 신실했어요. (웃음) 무조건 교회는 다녀야 한다고 하더라고요. 그래서 그냥 다녔어요.

그전에도 교회를 다녔어요?
초등학교, 중학교 때 잠깐 다녔어요.

빨리 성공하고 싶었어요.
내가 여기서 살아남는 방법은
딱 한 가지밖에 없다,
남들 쉬는 일요일에도 회사에 나가서
또 일하고, 하여튼 죽어라
열심히 일했어요.

대충대충 다니다가 아내 때문에 확실하게 다니게 됐네요.

네네…….

젊은 날에 추구했던 성공과 본인이 믿는 하나님과 어떤 관계가 있었어요?

그때는 모든 에너지를 회사에 쏟았기 때문에 교회는 '선데이 크리스천'처럼 그냥 다녔어요.

일주일 내내 하나님과는 별 관계 없이 살았겠네요. 그러다 일요일에 교회에 갇힌 하나님을 잠깐 면회하고 다시 나와서 살고, 그랬나요?

아내에게 사이클이 있어요. 3개월에 한 번씩 저를 붙들고 하소연하면서 눈물을 흘리는 거죠. "당신 그렇게 살면 안 된다." 그러면 저는 3개월마다 '아, 또 시작이구나' 하고.

그렇게 살다가 어느 날 나들목교회를 다니기 시작했어요. 그때 찍은 사진이네요.

스크린 위로 예배를 드리던 대광고등학교 대강당 앞에서 아내와 함께 찍은 사진.

2003년에 처음 나들목교회에 오셨죠. 2011년 5월, 나들목교회 10주년 설교 때 손병기 님의 삶을 예배에서 소개했어요. 교회 출석 이후 7–8년간 변화한 삶을 영상으로 담았는데요. 그 영상 자료를 함께 보고 이야기 나누면 좋을 것 같습니다. 다 함께 젊은 시절 손병기 님을 만나보도록 하겠습니다.

회사 생활 20년. 서울 본사 출근 10년 만에 그는 스스로 퇴사를 선택했다. 그가 인정받고 있던 안정된 직장을 박차고 나온 이유는 무엇일까?

"2002년에 본사로 발령을 받아서 그때부터 영업을 시작했습니다. 그 당시만 해도 저의 모든 기준은 빨리 성공하는 거. 모든 사람에게 인정받는 거. 그게 제일 중요했어요."

열두 시 전 퇴근은 사치라고 생각했던 그 시절, 접대를 위해 강남의 룸살롱을 수준별로 파악하고 있었고, 휴대폰에는 장르별로 노래가 정리되어 있었으며, 5분 대기조처럼 회사가 원한다면 언제 어디든 달려갈 준비된 상태로 살았다. 주말 골프도 예사였고 일주일에 2-3일은 술을 마셔야 했다. 어떤 고객과는 오전 10시부터 새벽 2시까지 17시간도 같이 마셔주었다. 성공을 향한 부단한 노력으로 실적도 승진도 항상 남들보다 앞섰다.

"주말에 가정교회 가는 게, 저는 가장 어려웠어요. 제 삶의 우선순위는 좌우간 직장이었기 때문에."

가정도 뒷전에 두고 일에 몰두하고 있는 그에게 주말 저녁마다 가정교회에 나가자고 아내가 말했다. 주말부부 생활을 5년이나 하고 다시 함께 살게 된 아내의 말이었기에 거부하지 못했지만, 주말 저녁 시간을 회사가 아닌 다른 일에 매주 쓴다는 것이 잘 지켜질 리가 없었다. 하지만 고작 한 달에 한두 번 가정교회에 참석하는 수준이였지만, 당시 가정교회 목자였던 박흥재 목자는 그를 편하게 대해 주었고 언제든 부담 없이 놀러 오라고 했다.

가정교회를 다닌 지 2년쯤 지났을 때 가정교회 목자가 일대일 성경공부를 함께 하자고 했다. 워낙 잘해 주고 귀감이 되었던 목자의 제안이라, 그게 뭔지도 모르고 순순히 시작했다.

"『풍성한 삶의 기초』 12강 모두가 다 새롭고 놀라웠어요. 특별히 하나님께서 우리가 일하는 노동을 통해서 세상 경영을 하신다는 게 인상적이었어요. 그래서 우리가 세상 경영을 할 때 공의와 사랑을 중심으로 경영해야 하는데, 저는 하나님의 가치관이 아니라 세상의 가치관으로……."

나름 소신 있게 살아온 삶에 대한 후회와 변화가 시작되고 있었다. 그 후 일사천리로 『풍성한 삶의 기초』 인도자 반과 목자 훈련을 거쳐 목자를 시작했다. 목자를 제대로 하기 위해서 화류계 생활도 과감히 접었다. 오랜 관행상 접대 없는 영업은 상상도 할 수 없던 직장 상사들에게 그의 이런 변화는 받아들여지기 어려웠다. 온갖 회유와 압박이 이어졌다. 갑자기 돌변한 그의 행동에 고객들과 주위 많은 사람은 어리둥절했으며 관계가 어그러진 사람도 있었다. 하지만 성공을 위해 무시하고 살았던 진지한 질문에 답을 찾기 시작한 그에게 삶의 변화는 불가피한 것이었다. 전과 다른 목표를 지향하고 영업 방식도 전혀 달라졌지만 실적은 더 좋아졌다.

"때때로 피할 수 없는 문제들이 있다고 할지라도 그 일을 반복해서 해야 하는 상황이라면, 그것을 피하셔야 합니다. 하지 마셔야 합니다. 최선을 다해서 개선하려고 노력하지만, 개선되지 않고 자신의 정체성까지 흔들리는 상황이 온다면, 기도하는 가운데 그곳이 하나님의 자녀가 있을 곳이 아니라는 생각이 든다면, 그곳을 떠나야 합니다."(〈설교-노동과 직업과 정의〉, 김형국)

"그 말씀이 저에게 엄청난 파장을 주었고, 회사를 떠나라는 하나님께서 주신 사인이라고 생각했어요. 하지만 직장이 너무 좋았고, 20년 가까이 다녔고, 또 자녀 양육도 해야 하고, 경제적인 문제도 있고. 그러다 보니 결정을 해야 하는데 결단은 하지 못하고."

하나님께 진로를 묻는 시간을 가진 후 그는 결심했다.

"하나님께서 저에게 마지막 인생의 기회를 주시면, 제가 떠나겠습니다. 그렇게 고백을 하고 사직서를 써서 회사에 냈죠."

교회에 와서 엄청난 변화를 경험하셨네요. 그 변화를 가능하게 한 핵심은 무엇일까요?

아내의 평생소원이 건강한 영적 지도자를 만나는 것이었어요. 그래서 나들목교회를 찾아왔는데, 저는 그냥 편하고 좋더라고요. 터치하는 사람도 없고.

초기에는 편하게 부담 없이 교회를 다녔겠네요.

네, 그러다 교회에서 우리 부부를 남산가정교회로 연결해 주셨어요. 가정교회 목자님이 전혀 부담도 안 주시고, 놀러 오고 싶을 때 아무 때나 오라고 했어요. 그래서 한 1년 정도를 한 달에 한 번씩 정말 놀러 갔어요. 가면 그냥 편하게 해 주시는 거예요. 그런데 가만히 지켜보니까 목자님이 세일즈에 베테랑인 분이었는데, 가족을 대하는 거, 가정교회 식구를 대하는 거, 직장생활 하는 거, 공동체를 꿈꾸는 것, 자기 삶의 비전을 이야기하는 것까지 굉장히 놀라웠어요. '우와, 저렇게 사는 분도 있구나!' 저한테 정말 큰 감동과 공감이 돼서, 나도 저렇게 살면 좋겠다, 라는 생각을 했죠.

여러분, 기독교의 진리를 이야기할 때 주로 말로 전달하지만, 그건 개념입니다. 교회에서 목사가 아무리 이야기해도 사람들은 잘 듣지 않아요. '뭐, 맞는 이야기지' 하고 흘려 버려요. 하지만 기독교 진리대로 사는 사람을 보면, '아! 이거 진짜구나. 나도 저렇게 살고 싶다!'라는 도전이 찾아옵니다. 교회에 새 가족이나 손님이 오면 또 나오라고 재촉하지 말고 그냥 신앙의 토대를 다시 놓고, 직장관, 세상관, 인생관 등을 다시 세우게 됐어요. 그리스도인으로서 세상 속에서 하나님 나라를 세우는 사람이 되어야겠구나. 직장도 내 직장이 아니고 하나님의 직장이구나, 이런 것들이 본격적으로 바뀌기 시작했어요.

놀러 오라고 하세요. 그러다 어느 날 보게 돼요. 자기 삶과 그들의 삶이 다르다는 것을. 자꾸 재촉하면 오히려 튕겨 나가요. 그냥 편하게 있게 해 주세요.

손병기 님에게 가정교회 안에 본받을 사람이 있어서 중요한 역할을 했네요. 또 변화를 일으킨 핵심이 있었나요?

가정교회 목자님과 12주간 일대일로 성경을 공부했는데, 그게 제게는 중요한 핵심이었어요. 『풍성한 삶의 기초』를 같이 읽으면서 신앙의 토대를 다시 놓고, 직장관, 세상관, 인생관 등을 다시 세우게 됐어요. 그리스도인으로서 세상 속에서 하나님 나라를 세우는 사람이 되어야겠구나. 직장도 내 직장이 아니고 하나님의 직장이구나, 이런 것들이 본격적으로 바뀌기 시작했어요.

신앙 훈련을 하면서 삶을 재조정한 거네요.

네. 서서히 이런 질문이 들기 시작했어요. '어? 정말 이렇게 살아도 되나? 내가 직장생활을 이렇게 해도 되나? 가정을 이렇게 해도 되나?'

매우 놀라운 변화네요. 질문이 하나 생기는데요. 이전에 성공을 꿈꿀 때도 하나님을 믿었잖아요? 그 하나님과 가정교회 공동체에 들어가서 성경을 공부한 다음에 만난 하나님은 좀 다르던가요?

이전에 교회를 다닐 때는 교회 봉사만 열심히 하면 복 받는다는 정도였고, 직장생활하고는 무관한 기독교였어요. 그런데 이제는 통합적인 신앙관을 가지게 됐어요.

조심스러운 질문이지만, 솔직히 이전에 손병기 님을 정말 회심한 그리스도인이라고 말할 수 있을까요? 어떠세요?

이전에도 하나님을 만났지만, 성경을 다시 공부하면서 그분과의 인격적 만남이 본격적으로 깊어진 것 같아요.

사실 손병기 님이 함께 공부한 『풍성한 삶의 기초』는 하나님을 만날 수 있게 도와주는 자료가 아닙니다. 하나님을 만난 사람들이 훈련하는 자료이죠. 하지만 하나님께서 손병기 님을 긍휼히 여기셔서 조각조각으로 알고 있던 복음을 통합하게 하시고, 하나님을 더 온전히 알고, 세상 속에서 하나님 나라를 세우기로 결심하게 하는 놀라운 일이 벌어졌네요. 그 후에 가정교회 목자가 되셨죠?

네.

스크린에 가정교회 초창기 사진. 아이들과 함께 가정집 거실에서 카메라를 보고 웃는 얼굴이 밝고 싱그럽다.

가정교회 초기 사진을 보니까 풋풋하고 즐거워 보이네요. 가정교회 처음 1-2년은 서로 재밌고 좋죠. 하지만 시간이 지나면서 어려움도 찾아오는데요. 어떠셨어요?

시작하고 3년까지는 그냥 '나이스'하고 좋았는데, 그때부터 회의가 드는 거예요. 사람들 신앙도 성장하지 않고. 가정교회를 하는 게 의미가 있나, 하는 생각이 들었어요. 너무 나이스하기만 하니까.

착하기만 한 거죠.
네. 그러면서 조금씩 정체되는 것에 고민이 되었습니다.

그러다가 개인적으로 큰 어려움을 겪으셨어요.
전혀 예상치 못한 일이 일어났어요. 목자가 되고 1년 정도 지났을 때, 아내가 갑자기 폐암 진단을 받았어요. 당시 직장에 모든 에너지를 쏟고 있었는데 어떻게 해야 할지 모르겠더라고요. 제일 힘들었던 건 잘못하면 아내가 폐암으로 어떻게 될 수도 있겠구나, 하는 생각이었어요. 그때 교회 목사님 한 분이 회사로 심방을 왔는데, 제가 붙들고 펑펑 울었어요. 왜 하나님께서 나한테 이런 시련을 주시는지, 일주일 동안 너무 불안했어요. 아내가 잘못될까 봐. 그런데 옆에 있는 아내는 평상시하고 똑같아요. 빨래하고 산에 다니고 성경 보고 말씀 듣고. 그때 하나님께서 저에게 주셨던 말씀이 시편 23편이었어요. 그제야 말씀이 제 안에 들어오기 시작하면서 전에 봤던 말씀들이 막 살아 움직이는 것으로 다가왔어요.
'아, 아내의 암도 하나님께서 주시는 거구나. 생과 사가 하나님에게 달려 있는 거지. 내가 어떻게 노력해서 되는 게 아니구나. 암 때문에 힘들고 어렵겠지만 이걸 통해 하나님께서 우리 부부를 정금같이 단련하시고, 우리 부부를 사용하시겠구나.' 그때만큼 뜨겁게 기도했던 적이 없었던 것 같아요. 정말 눈물로 기도했어요. 하나님, 아내를 살려주신다면 앞으로 정말 하나님을 위해서 살겠습니다.

사람은 위기나 고통 없이 성장하지 않습니다. 위기나 고통은 자기가 잘못해서 오기도 하고, 전혀 상관없이 찾아오기도 합니다. 이유도 알 수 없습니다. 그런데 사람은 그 고통을 통해서 성장하고, 또 성공하기도 해요. 그 고통을 하나님과 함께 지나가면 시편 23편의 이야기, "내가 사망의 음침한 골짜기로 다닐지라도 해를 두려워하지 않을 것은 주께서 나와 함께 하심이라. 주의 지팡이와 막대기가 나를 안위하시나이다"라는 말씀처럼 진짜를 경험하게 됩니다. 하나님과 함께 고통을 통과하는 사람은 세워지고, 하나님 없이 고통을 지나가는 사람은 무너집니다.

이처럼 고통은 사람을 세우기도 하고 무너뜨리기도 하는데, 고통을 통과하지 않고는 진짜 자기 신앙이 되지 않아요. 피할 수 없는 고통을 겪을 때 그 어떤 것도 나를 보호해 주지 못한다는 사실을 발견하고, 하나님 앞에 진실한 마음으로 서게 되는 것이죠.

그 어려운 과정을 겪으면서도 가정교회 식구들이 여러 가정교회로 분가했죠?

네, 여섯 가정교회가 분가했습니다.

스크린 위로 가정집에서 여러 가족이 식사하며 이야기 나누는 모습.

한 가정교회에서 여섯 공동체가 자라다니, 매우 놀랍습니다. 이 사진은

'아, 아내의 암도 하나님께서 주시는 거구나.
생과 사가 하나님에게 달려 있는 거지.
내가 어떻게 노력해서 되는 게 아니구나.
이걸 통해 하나님께서 우리 부부를
정금같이 단련하시고,
우리 부부를 사용하시겠구나.'

어떤 사진이에요?

우리 강북가정교회에서 분가한 가정교회 목자 한 분이 작년에 갑자기 하늘로 떠났어요. 홀로 남은 남편 분이 많이 외로워하기도 해서, 강북가정교회 초창기 식구들이 다 같이 얼굴 보자고 올해 초에 모였어요. 홀로 남은 목자를 위로도 하고, 우리도 언젠가는 하나님께서 부르실 텐데, 지금 더 잘하자, 더 열심히 사랑하자, 하고 이야기를 나누었죠. 초창기 식구들이 거의 다 목자가 되어서 그것만으로도 무척 감사했죠.

만남 그 자체만으로도 무척 의미가 크네요. 같이 살아가다 한 명씩 한 명씩 하늘로 떠나보내는 것이 우리 인생이잖아요. 깊은 상실을 겪을 때는 옆에 있어 주고, 같이 아파하고 슬퍼하면서 함께 걸어가는 사람들이 꼭 필요해요. 그런 관계가 없는 사람은 너무 불행합니다. 혼자 그 상실을 다 견뎌야 하니까요. 그래서 공동체는 너무나 소중합니다.

참, 손병기 님은 성공을 꿈꾸는 직장인이었잖아요? 그 꿈은 깨졌나요? 그다음 이야기를 해 주시겠어요?

소프트웨어 엔지니어로 10년을 일하다가 빨리 진급하려고 영업부서에 지원했어요.

진짜 성공하고 싶었군요. 영업은 정말 어려운 일인데……

동기들도 말렸어요. "야, 거기 안 돼. 그 부서는 위험해. 실적 없으면 바로 아웃이야." 그래도 저는 성공해야겠다는 생각으로 갔어요.

자신이 있었나 봐요?

회사에서도 저한테 가능성이 보인다고, 해 보라고 추천했어요.

물불 가리지 않고 회사에 열심이니까 아예 영업에서 한번 뛰어 봐라, 이런 거였죠? 회사가 사람을 잘 보네요. 그런데 아무래도 영업은 화류계와 연관 있지 않나요?

영업은 접대와 골프가 기본이에요. 매일 접대를 해야 하니까, 강남의 룸살롱도 고객 레벨에 맞춰서 준비하고, 골프도 수준별로 모시고, 항상 그런 생활을 했죠. 그런데 가정교회에 속하고 성경을 더 깊이 공부할수록 자꾸 마음에 걸리는 거예요. '이렇게 살면 안 되는데, 안 되는데.' 계속 갈등하다가 용기를 내서 서서히 끊기 시작했죠. 접대를 없애고, 골프도 안 하고. 그러니까 고객이나 회사에서는 참 이상한 거예요. 계속 해오던 사람이 어느 날 갑자기 안 한다고 하니까. "야, 너 어떻게 할 거야? 그 사업 어떡해?" 그런데 감사하게도 영업 실적은 계속 유지가 됐어요. 접대를 요구하는 고객도 있었고, 떨어져 나간 고객도 있었지만, 용기 있다고 받아주시는 분들도 계셨고요.

접대를 안 하면 사업을 할 수 없다는 분들이 많아요. 하지만 접대를 안 해도 실적이 유지되고 오히려 더 오르기도 하죠. 제가 일하는 회사도 오래전에 접대를 다 없앴어요. 큰일 난다고 했지만 오히려 실적이 좋아졌어요. 우리는 세상을 바꿀 수 있는데도 바꾸지 않고 있는 거죠. 물론 그 저항은 정말 만만치 않습니다. 그걸 이겨냈다는 게 대단하네요.

　하지만 보이지 않는 구조적 문제로 마음이 복잡했어요. 나름대로 노력했지만, 사회나 회사의 구조적 문제까지 내가 어떻게 할 수는 없겠다는 한계였어요. 그때 아까 영상에서 본 설교를 들었어요. 큰 도전이 되었죠. 회사를 떠나라는 하나님 말씀으로 다가왔고, 20년간 안정적으로 다녔던 직장을 내려놨어요. 험한 세상으로 나간다는 결단은 매우 어려웠지만, 하나님께서 믿음과 용기를 주셨어요.

　세상에는 여러 관행이 존재해요. 악한 것도 있고, 선악이 불분명한 중간 지대도 있어요. 그 속에서 그리스도인도 살아가는데, 어느 시점에 '이건 넘어갈 수 없는 선이야', '이걸 넘어가기 시작하면 정체성이 흔들릴 텐데 이렇게 살면 안 돼!'라는 깨달음이 찾아옵니다. 그렇게 안 살려고 최선을 다했는데도 피할 수 없고, 결국은 자신이 뿌리째 흔들린다는 생각이 들면, 떠나야 해요. 바꾸어 버리든지! 그런데 많은 그리스도인이 그냥 거기 머무르면서 자기 인생을 망가뜨립니다. 그러면서 세상을 망가뜨리는 데 일조해요. 물론 그렇게 사는 게 좋으면 그렇게 살아야죠. 자신도 망가지고, 다른 사람도 망가뜨리고, 세상도 망가뜨리면서. 그렇다고 여러분이 내일 당장 사직서 내야 한다는 말이 아닙니다. 진짜 싸워보고 진짜 살아내려고 애썼는데도 '아, 이러다가는 내가 세상을 바꾸는 게 아니라 세상이 날 바꾸겠다. 이미 내가 변하기 시작했다. 적응하기 정말 힘들다'라는 생각이 든다면, 그곳은 여러분이 싸울 전쟁터가 아니라는 겁니다.

정말 대단한 결단이었어요. 성공한 직장인이라는 꿈은 결국 깨졌는데, 다른 새로운 꿈이 찾아왔나요?

네, 우리 부부가 가정교회를 하면서 깨달았어요. '이게 진짜구나. 가정교회가 사람을 살리는구나!' 그래서 가정교회를 진짜 생활 공동체로 만들어 보고 싶은 꿈이 생겼어요.

어떤 계기가 있었나요? 가정교회를 통해 사람이 살아나는 경험이 있었어요?

가정교회의 한 자매가 이혼을 했는데, 초등학교 3학년과 1학년 두 아이가 있었어요. 그런데 전세 보증금이 없어서 집을 구할 수 없을 정도였어요. 이혼하고 경제적으로도 정서적으로도 어려운 상황이었거든요. 가정교회 식구들이 눈 오는 날에 이사도 도우면서 그 어려운 때를 함께 했죠. 월세로 시작해서 10년간 그 자매가 자립할 때까지 가정교회 식구들이 옆에서 돕고 지지하고, 경제적으로도 힘을 보탰습니다. 1년이 다르고, 2년이 다르고, 3년 정도 지나니까 서서히 회복되더라고요. 아내인 소미영 목자는 정서적으로 힘든 그 자매와 일대일 성경 공부 과정을 세 번이나 반복했어요. 가정교회 식구들도 아이들을 여러모로 챙겼고요. 이렇게 정서적으로 경제적으로 계속 지원하니까 그 가족이 건강하게 살아나더라고요. 초등학교 3학년이었던 아이는 최근에 대학생이 됐습니다. 강북가정교회가 여섯 가정교회로 분가해서 자라난 이유는 가정교회 안에서 이런 사랑을 경험했기 때문입니다. 그 자매 가족이 건강하게 세워지는 모습을 보면

서, 여섯 가정교회도 더 든든하게 세워졌죠.

저도 이 이야기를 나중에 들었는데, 여러분 혹시 송파 세 모녀 사건 기억하세요? 엄마하고 두 딸이 극단적 선택을 한… 그 사건이 있고 얼마 후였다고 해요. 그 자매가 혼자서 애 둘을 키우고 일도 하다 보니 집이 엉망이었대요. 어느 날 '이제는 죽어야겠다. 더 이상은 못 살겠다' 이렇게 생각하고 집에 갔는데, 깔끔하게 다 청소되어 있는 거예요. 냉장고도 깨끗이 정리되어 있고, 국도 끓여져 있고, 반찬도 만들어져 있고. 가정교회 식구들이 와서 집을 싹 다 치우고 먹을 것까지 채워 놓고 간 거예요. 그 자매가 거실 한가운데 앉아 펑펑 울면서 "하나님, 나 살게요. 다시 살아 볼게요." 그렇게 기도했다는 이야기를 들었어요. 이것이 사랑입니다. "잘 지내? 내가 기도해 줄게. 하나님이 너를 보호하실 거야." 이렇게 말로만 때우는 건 사랑이 아니에요. 행함과 진실함으로 하는 것이죠. 그럴 때 사람이 살아나요. 시간이 흐르고 아이들이 대학에 갔다는 이야기를 들었을 때, 저도 너무 감사했어요.

그런 경험을 통해 새로운 꿈이 어떻게 더 커졌나요?

이런 경험을 하면서 생활 공동체에 대한 꿈이 생긴 거예요.

스크린 위로 충남 홍성 마을 공동체를 방문했던 사진이 보인다.

저 사진은 제가 전국에 있는 마을 공동체를 돌아다닐 때 찍은 사진입니다. 교회 가족이었다가 홍성으로 귀농한 젊은 부부가 있는데요. 1년에 두 번씩 홍성에 가서 그 마을 공동체를 경험하고, 나도 이런 생활 공동체를 하고 싶다는 비전을 세워갔어요.

교회 공동체에서 주거 공동체, 생활 공동체로 꿈이 확장되었는데요. 그 꿈이 어떻게 발전하고 이루어졌는지 좀 더 자세히 나눠 주시지요.

생활 공동체를 세워야겠다는 꿈을 품고 있을 때, 나들목교회에서 '위스테이별내' 프로젝트가 시작된 거예요. 사업 초창기에는 불확실성이 컸는데, 교회 식구 100여 명이 이 사업이 이루어지도록 곳곳에서 애를 많이 써 주셨어요.

협동조합을 구성해 아파트를 짓는 프로젝트를 처음부터 꿈꾸지는 못했어요. 그런데 생활 공동체를 꿈꿔도 결국 주거 문제에서 늘 막혔거든요. 그래서 2010년쯤부터 같이 모여 사는 방법을 찾기 시작했습니다. 여러 대안을 연구했고, 양평에 예촌공동체가 먼저 생겼습니다. 이어서 용두동 집이 생겼고, 보문공동체는 모여 살다가 최근에 따로 교회를 개척했죠. 다양한 시도를 했지만, 위스테이별내 프로젝트는 실현되기 어렵다고 생각했어요. 전문가들도 이런 사례는 없었다며, 고비를 다섯 개쯤 넘어야 가능하다고 했으니까요. 그래도 필요한 일이고 해 볼 만한 가치가 있는 프로젝트여서 시도를 한 거죠. 나들목교회 50가구가 참여해서 초기에 중심을 잡는 역할을 했다고 들었어요.

이것이 사랑입니다.
"잘 지내? 내가 기도해 줄게.
하나님이 너를 보호하실 거야."
이렇게 말로만 때우는 건 사랑이 아니에요.
행함과 진실함으로 하는 것이죠.
그럴 때 사람이 살아나요.

네, 저도 위스테이블내사회적협동조합 초대 이사장을 맡아서 사무국이 꾸려지기 전부터 참여했어요. 설립준비위원회가 조합 설립을 준비하고 총회에서 조직이 만들어지면서 본격적으로 이사 분들과 조합의 밑그림을 만들어 갔어요. 위스테이블내 공동체가 어떻게 하면 잘 세워질 수 있을까, 참 고민을 많이 했습니다. 가령 교회 공동체에는 성경이라는 진리와 중심 가치가 있는데, 위스테이블내의 중심 가치는 무엇일까, 어떻게 해야 만들 수 있을까도 고민이었죠. 그때 변호사님 한 분과 회복적 정의를 공부하면서 그 위에 조합의 기초를 놓을 수 있겠다는 생각이 들었어요. 중간에 어려움도 있었지만, 결국 회복적 정의를 기반으로 위스테이블내 공동체가 잘 세워졌습니다.

그랬군요. 이런 일은 의사결정 과정이 굉장히 중요한데요. 조합원들과도 그렇고 특히 이사회에서 소통하고 결정하는 과정이 정말 어렵습니다. 리더들이 모여서 논의하고 결정하는 일이 쉽지 않았을 텐데, 어떻게 이끄셨나요?

제가 전국의 마을 공동체와 대학원 리더십 MBA, 나들목교회에서 배운 것까지 해서 전부 다 위스테이블내사회적협동조합 운영에 적용해 봤어요. 일하다 보면 이사회 내부에 파벌이 만들어지고 서로 견제도 하죠. '조합에 나들목교회 사람들이 많다'라는 소문도 돌았어요. 그래서 견제도 많았는데, 초기에 이사 분들과 어떻게 신뢰를 쌓을까를 고민하면서 나들목교회에서 배운 대로 했어요. 우선 이사회는 만장일치에 가깝게, 충분히 협의하고 결정하는 구조로 만들었어요. 비생산적이어도 합의 정신에 따라 설득하고 기다리고 또 기다리며, 모두가 동의할 때가 기다렸어요. 그렇게 했던 점이 초창기에 조합의 정신을 세우고 공동체를 이해하는 데 큰 도움이 됐습니다.

교회에서 배운 공동체와 리더 역할이 협동조합에서도 힘을 발휘했네요.
저는 '교회 공동체'에서 배운 것들을 '협동조합 공동체'에 적용하면서 실험했습니다. 어떻게 보면 저작권이 교회에 있는 셈이지요.

이게 맞아요. 교회에서 사회로 나가야 해요. 교회에서 제대로 배워서 사회 속으로 들어가야 합니다. 그게 가장 경쟁력 있는 방법입니다. 저도 제가 일하는 회사에서 리더십 교육을 6년에 걸쳐 완성했는데요. 하나님 이야기는 한마디도 안 나옵니다. 하지만 모든 원리는 성경에서 가져왔어요. 지금은 1천 명 넘는 직원들이 그 교육을 열심히 듣고 배워서 좋은 팀을 만들고 리더로 서고 있어요. 모든 교육 내용은 이미 성경에 있습니다. 하지만 이론이 아니라 교회 공동체에서 실제로 경험하고 누린 것을 가지고 세상으로 들어가야 합니다.

그런 놀라운 일을 하셨다니 정말 자랑스럽고 앞으로도 기대가 되네요. 협동조합 이사장을 최근에 그만두셨죠?
2022년 8월 말에 임기 5년을 마무리했습니다.

그러면 지금은 뭘 하고 계시죠?

지금은… 술을 빚고 있습니다. (웃음)

스크린에 양조장 앞에서 찍은 사진이 보인다.

그러면 화류계를 떠났다가 다시 화류계로 돌아온 건가요?

네, 두 주님을 섬기고 있지요.

어떻게 양조장이 가능했나요? 소미영 목자가 가만히 있었습니까?

아내는 당연히 반대했죠. "그게 무슨 소리냐? 도대체 많고 많은 것 중에 하필……." 하지만 제 생각은 달랐어요. 양조장이 단순하게 술을 만들어서 파는 데가 아니다, 우리 선조들이 물려준 좋은 제법들, 술 빚는 법들이 있는데, 그게 다 없어지고 오히려 상업적이고 안 좋은 술만 남았다고 설득했어요. 유럽 여행 가서 본 포도주 양조장은 높게 평가하면서 우리나라 술 빚는 양조장을 천대하면 안 된다, 잘못된 문화 때문에 그런 거다, 오히려 이 양조장을 통해서 전통문화를 계승하고, 청년들 일자리도 만들고, 또 양조장을 통해서 로컬브랜드도 만들고, 수출도 할 거라고 했습니다.

사업 차원에서는 맞는 말이지만, 손병기 님은 장로급 리더이거든요. 장로가 양조장을 한다고 하면 설득력이 많이 떨어질 것 같은데요.

나들목교회에서 배운 건 본질과 비본질이었어요. 목사님이 가르쳐주셨잖아요? (웃음) 양조장은 본질과 비본질의 문제라고 생각했어요. 원래 마을 공동체에는 막걸리가 있었어요. 그래서 마을 잔치나 축하할 일이 있을 때 빠지지 않고 막걸리가 나오거든요. 위스테이별내에서는 막걸리 동아리가 지금 그 역할을 하고 있습니다.

본질과 비본질은 아주 중요하죠. 본질은 지키고, 비본질에는 자유를 주는 게 기독교예요. 그런데 기독교가 잘못되면 본질을 놓치고, 비본질에서 코드를 만들기 시작해요. 이것도 안 된다, 저것도 안 된다는 코드를 만들어서 그것으로 사람들을 조종하려고 해요. 정말 중요한 것은 본질입니다. 하나님이 우리에게 주신 그 많은 것을 어떻게 아름답게 사용할 것인지가 본질입니다. 하나님은 우리에게 좋은 것들을 아주 많이 주셨습니다. 돈, 명예, 권력, 성, 다 하나님이 우리에게 주신 것들입니다. 이것들을 어떻게 아름답게 쓸 것인지가 기독교가 전하는 본질적인 메시지입니다. 그런데 이런 것들에 문제가 많다고, "하지 말자, 안 해야 해"라고 금지하는 것은 어린 수준의 윤리예요. 기독교는 아름다운 술, 아름다운 돈, 아름다운 권력, 아름다운 명예, 아름다운 성을 어떻게 이루며 살지를 가르칩니다. 이것이 기독교입니다. 왜 무엇 때문에 그 일을 하는지가 중요합니다.

그래서 술을 취하게 드시나요?

아니요! 그러니까 술은 빚어도 되는 거죠? (청중의 웃음소리) 우리 막걸리 펍에 와서 건장한 음주문화를 많이 배워가세요. 며칠 전에 연예인 홍 아무개 씨가 왔어요. 손님이 오면 막걸리 시음을 해드리거든요. 마침 홍 아무개 씨도 막걸리를 너무 좋아한다는 거예요. 그런데 사순절 기간이라고 술을 입에 안 댄다고 해서…….

교회에서 목자라고 말했어요?
네. 제가 가정교회 목자인데 이렇게 술을 권하고 있다고 했더니, 그래도 괜찮다며 대신 다음에 마시러 오겠다고 했어요.

사순절 기간에는 막걸리 펍을 닫아야 하는 거 아닙니까?
40일 동안요?

아, 40일이면 양조장 문 닫겠네요. (웃음)
교회력을 따라 사순절을 지키는 것은 매우 좋은 신앙 훈련입니다. 하지만 잘못 쓰면 이원론을 강화합니다. 사순절 기간에 안 마시다가 끝나면 실컷 마시고, 그러면 안 됩니다. 나들목 영성센터에 1층에 주방과 식당이 있고, 거기에 와인 냉장고가 있습니다. 그 와인 냉장고에 성경의 두 구절이 쓰여 있습니다. 하나는 잘 아시는 "술 취하지 말라 이는 방탕한 것이니 오직 성령으로 충만함을 받으라"(엡 5:18)이고, 그 위에 쓰인 구절은 "사람의 마음을 기쁘게 하는 포도주와 사람의 얼굴을 윤택하게 하는 기름과 사람의 마음을 힘있게 하는 양식을 주셨도다"(시 104:15)라는 말씀입니다. 제대로 사용할 줄 하는 사람들, 그들이 그리스도인입니다.

어쨌든 화류계를 떠났다가 건강한 화류계를 위해 다시 돌아왔네요. 지금 나이가 몇이시죠?
쉰여덟입니다.

곧 예순이네요. 20년 뒤에는 어떤 사람이 되어 있을까요?

일주일 동안 인터뷰 설교 내용을 정리하면서 이런 생각이 들더라고요. 하나님께서 나를 준비시키셨구나. 나들목교회에서 공동체를 배우고, 위스테이별내 공동체를 경험하게 하시고, 위스테이별내를 통해서 '아, 이게 가능하구나' 하는 것을 깨닫게 하셨어요. 지금은 사회주택협회와 경기도청의 사회주택부위원장으로 활동하고 있는데, 이런 경험을 모아서 하나님이 또 나를 쓰시겠구나, 하고 생각해요. 같은 공동체의 60대 중후반 분들을 보면서, 노년은 정말 혼자 보내면 안 된다, 노년에는 건강한 신앙관을 가진 사람들이 모여서 신앙 생활해야 한다. 하나님이 내가 경험한 것들로 다시 시니어 공동체를 꿈꾸게 하시는구나, 이런 생각이 들어요.

어떻게 보면 위스테이별내는 1단계 주거 공동체라고 생각해요. 2단계로 나아가야 한다고 생각해요. 소득의 일정 부분을 공유하는 경제 공동체가 돼야 하고, 모든 것을 다 통합하는 3단계 생활 공동체로 가야 하죠. 앞으로 10년, 더 나아가서 20년 후에는 하나님이 새로운 시니어 공동체를 같이 세워가게 하지 않을까 하는 기대를 갖고 있습니다.

우리가 이렇게 공동체로 살다가 나중에는 각자 자기 수준에 맞는 양로원으로 갈 수는 없잖아요? 우리가 인생을 그렇게 끝낼 수는 없죠. 공동체로 살다가 노년과 죽음도 함께 맞이하는 공동체로 발전하지 않을까, 하는 꿈을 저도 갖고 있습니다. 하나님이 그 일을 같이 할 만남을 앞서 준비하고 계신다는 생각이 들어서 감사하네요.

하나님이 나를 부르신 사명이 무엇인지를
질문하고 찾아야 합니다.
그리고 그 사명을 이루기 위해
생을 마감할 때까지 계속 성장하고
하나님 나라를 세워가야 합니다.
이런 삶이 세상 속에서 하나님을 진심으로
사랑하는 저의 신앙 고백입니다.

그리스도인으로 살아가는 인생의 핵심은 하나님을 사랑하는 것입니다. 온 맘과 뜻과 정성을 다하여 하나님을 사랑하는 것이 기독교의 핵심입니다. 손병기 님은 세상 속에서 어떻게 하나님을 사랑하며 살아갈 건가요?

아내가 그런 이야기를 했어요. 당신은 세상 속에서 공동체를 세워라. 나는 교회 안에서 공동체를 세울 테니까. 그러려면 우선 자기 정체성이 선명해야 한다고 생각해요. 선명한 정체성이 만들어지면, 다음으로 하나님이 나를 부르신 사명이 무엇인지를 질문하고 찾아야 합니다. 그리고 마지막으로 그 사명을 이루기 위해 생을 마감할 때까지 계속 성장하고 하나님 나라를 세워가야 합니다. 이런 삶이 세상 속에서 하나님을 진심으로 사랑하는 저의 신앙 고백입니다.

선명한 정체성을 가지고 자기 부르심을 분명히 해서 끝날까지 성장하며 아름다운 유산을 남기는 삶, 그것이 하나님을 사랑하는 방식이라고 이야기하시네요. 그렇게 살면 진짜 성공한 사람이 될 것 같습니다. 제가 살아 있으면 20년 후에 다시 한번 인터뷰하시죠. (웃음)

소중한 이야기를 나누어주신 손병기 님에게 큰 박수 부탁드립니다.

손병기 님은 한 때 성공을 꿈꾸는 직장인이었습니다. 그런데 그분을 만나서 인생이 변했고, 지금은 진짜 성공을 꿈꾸고 있습니다. 여러분은 무엇을 추구하고 사나요? 세상의 성공에는 꼭대기가 있습니다. 그다음에는 추락이에요. 돈을 아무리 많이 모아도 건강이 나빠지면 한순간에 추락합니다. 세상의 성공은 추락을 피할 수가 없어요. 얼마나 올라갈지도 모르지만 많이 올라갈수록 떨어지는 낙차도 큽니다. 그런데도 세상 사람들은 정신없이 올라가고 또 올라가려고 해요. 하지만 하나님이 주신 성공은 죽을 때까지 계속 올라갑니다. 죽고 난 다음에 그 성공이 완벽하게 드러납니다. 하나님은 그런 성공을 우리에게 주길 원하세요. 여러분이 하나님을 진정으로 받아들이고 하나님을 믿고 따라가기 시작하면, 여러분 속에서 하나님이 일하기 시작하세요. 선한 일을 시작하십니다. 이를 바울은 빌립보서 1장 6절에서 이렇게 이야기합니다.

선한 일을 여러분 가운데서 시작하신 분께서 그리스도 예수의 날까지 완성하시리라고 나는 확신합니다.

하나님이 우리 속에서 선한 일을 시작하세요. 선한 욕망이 일어나요. 그래서 선한 일을 언제까지 한다? 예수 그리스도의 날까지! 예수 그리스도의 날이 어떤 날일까요? 예수님을 만나는 날입니다. 내가 죽어서 만나든, 그분이 오셔서 만나든, 우리는 언젠가 그분을 만나요. 그때까지 선한 일을 지속하며 완성해 갈 것입니다. 그 과정에서 고통도 겪고, 이해할 수 없는 수많은 일을 겪겠지만, 그 모든 일을 통해 하나님은 선한 일을 완성해 가십니다. 우리는 그 하나님을 믿고 있어요. 진짜 믿고 있습니다. 그래서 나이 듦이 부끄럽지 않고 기대가 돼요.

손병기 님과 저, 우리 둘 다 나이가 육십입니다. 그 정도면 어떤 사람은 '인생, 뭐 다 살았네'라고 말할 수도 있지만, 손병기 님도 꿈을 꾸고, 저도 꿈을 꾸고 살아요. 20년 후에 우리는 어떻게 변해 있을까? 우리가 대단해서가 아니에요. 우리 속에 선한 일을 시작한 분이 계시기 때문이에요. 그분이 지금까지 그 일을 하셨기 때문에, 그분이 우리가 죽을 때까지 분명히 그 일을 하시겠구나, 예수 그리스도의 날까지! 그런 기대가 생기는 거죠. 이게 진짜 성공 아닐까요? 여러분은 어떤 성공을 추구하세요? 세상 꼭대기에서 떨어지는 불안하고 위험한 성공을 추구하시겠어요? 아니면 영원으로 이어가는 진정한 성공을 추구하시겠어요? 로마서 8장 28절에 이런 말씀이 있어요.

우리가 알거니와 하나님을 사랑하는 자 곧 그의 뜻대로 부르심을 입은 자들에게는 모든 것이 합력하여 선을 이루느니라. (개역개정)

우리 주변의 모든 것이 협력해서 좋은 결과가 나올 수 있는데, 하나님의 부르심을 입은 사람들에게는 그 일이 일어납니다. 하나님의 부르심을 입은 자들이 누구인가요? 우리 속에서 선한 일을 시작하신 그 하나님을 경험한 사람들이에요. 그 조건이 맨 앞에 나와요. "하나님을 사랑하는 자,

곧 그 뜻대로 부르심을 입은 자." 하나님이 사랑하는 자가 아니에요. 하나님을 사랑하는 자입니다. 물론 처음부터 우리가 하나님을 사랑할 수 없겠죠. 그분의 사랑을 조금씩 경험하고 알아가면서 우리도 조금씩 하나님을 사랑하기 시작합니다. 그러다가 내 몸과 내 뜻과 내 정성과 내 모든 것을 다해서 하나님을 사랑하는 쪽으로 우리가 성장하기 시작하면, 그때는 모든 것이 협력해서 선을 이룹니다. 세상에서 겪는 비극까지도 세월이 지나고 나면 선을 이루는 과정으로 하나님이 역사하십니다.

하나님은 그런 하나님이십니다. 여러분이 어떤 삶을 추구하고 계신지 저는 잘 모릅니다. 이전에 하나님을 잘 몰랐던 손병기 님처럼, 교회 와서 예배드릴 때만 하나님을 생각하고 일주일 내내 하나님과 상관없이 사는 분들도 계시겠지요. 하지만 어느 순간 거기에 답이 없다는 사실을 알아차리신다면, 예배드릴 때만이 아니라 일주일 내내 그분과 함께 걸어가는, 아니 평생 그분과 함께 걷는, 그래서 진짜 성공하는 삶을 추구하시길 바랍니다.

우리는 지금 소망 없는 막막한 세상에서 살고 있습니다. 하지만 여러분이 세월이 지나고 나서 '내 속에서 하나님이 이런 선한 일을 하셨어요'라고 누군가에게 고백하고, 그 고백을 들은 사람도 하나님 안에서 자신의 진정한 성공을 꿈꾸게 되는, 계속해서 아름다운 소망이 이어지는 멋진 삶이 되기를 진심으로 응원하고 축복합니다.

닫는 글

진솔한 만남 진정한 예배

예배는 만남이다. 한 사람이 하나님을 만나고, 교회를 만나고, 또 자신을 만난다. 그 진솔한 만남을 담은 예배는 경이롭다. 만남으로 시작한 한 사람의 변화는 하나님의 현존과 역사를 보여 준다. 거대한 우주를 보듯 장엄하고 신비롭고, 들에 핀 야생화를 보듯 독특하고 사랑스럽다. 이 놀라운 만남의 파동은 예배를 통해 회중에게(나에게) 공명된다. 그 진솔한 공명은 다시 하나님께 드리는 진정한 예배가 된다.

예배 무대에서 처음 본 김현일 님을 잊지 못한다. 그의 인생을 잘 알지도 못하는데 세례를 받으려고 일어선 그의 뒷모습에 내 가슴이 먼저 울컥

했다. 왜 그랬을까? 지금도 잘 모른다. 그를 통해 참 드라마틱한 하나님을 본다. 따뜻하고 지혜로운 유현숙 님을 교회 안에서 성도로 먼저 알았고, 예배를 통해 그녀의 인생 전체를 들었다. 이야기 하나하나가 조심스러웠지만, 하나님의 일하심은 역시 섬세하고 깊고 안전했다. 의사 홍경택 님과 이 책에 담긴 예배를 준비하고 진행하면서 내내 유쾌했다. 하나님과의 만남은 폭포수처럼 시원했고, 계곡물처럼 상쾌했다. 작곡가 김민영 님과 예배 때 부를 여러 노래를 같이 만들곤 했다. 불편한 몸 때문에 다소 여린 듯하지만, 예배 안에서 김민영은 강인하고 풍요로운 사람이다. 김옥란 님만큼 크게 바뀐 사람이 있을까? 김현일의 아내로 늘 말없이 내조하던 김옥란은 교회를 만나고, 하나님을 만나고, 복음을 누리며, 누구보다 큰 사람이 되었다. 함께 예배를 준비하면서 달라진 그녀의 모습이 흐뭇하고 놀라웠다. 하나님의 계획과 성실하심에 감격할 뿐이다. 손병기 님은 하나님을 알기 전에도 강인한 사람이었을 것이다. 수려한 외모에 자신감 넘치는 목소리. 예배를 통해 다시 그를 만났을 때, 높이보다는 깊이가 돋보였다. 아, 하나님을 만나면 높아지는 것이 아니라, 깊어지는 것이구나. 그가 꿈꾸는 시니어 공동체에서 언젠가 함께 살고 싶다. 박성태 님은 멋과 맛을 아는 근사한 남자다. 예배를 통해 그의 인생 깊은 곳으로 들어가니, 사람 냄새가 폴폴 나는, 앞집 형 같은 인간 박성태를 만났다. 나 역시 하나님의 작품으로 근사하고 멋진 삶을 누리고 싶다. 그가 재단에서 기획했던 도시 속 함께살기 프로젝트 용두동집에 지금 내가 살고 있고, 이 글을 거기서 쓰고 있다는 것이 참 흥미롭다. 일곱 분의 '그 만남'을 정리하다 보니, 하나님은 내가 알고 있던 것보다 훨씬 더 멋진 분이다!

하나님과 한 사람의 만남. '그 만남'은 생명이고, 혁명이고, 예술이다. 예배 안에서 '그 만남'은 오병이어가 되어 광야에서 오천 명을 먹이고 열두 광주리를 남긴 것처럼, 예배 회중을 부요하게 한다. 부요한 '그 만남과 예배'를 책으로 엮었다. 단순한 인터뷰 내용이 아니라, 예배라는 시공간에서 나눈 '그 만남'을 독자가 느낄 수 있도록 입체적으로 담았다. 만남이 있는 예배를 상상하며 읽어 보기 바란다.

책을 함께 만든 김형국 목사에게 감사의 마음을 전한다. 예배를 섬기고, 말씀을 전하고, 인터뷰를 이끌어 가는 그의 능력은 탁월하다. 더 큰 놀라운 것은 복음을 전하고 건강한 교회를 세우는 그의 치열한 열정이다. 김형국 목사와 하나님 사이에 강렬하고 찐한 '그 만남'이 먼저 있었으리라. 아울러 이 책의 방향을 잡아준 박동욱 님에게 고마운 마음을 보낸다. 그가 아니었다면 결코 여기까지 오지 못했을 것이다. 끝으로 귀한 '그 만남'을 나누어준 일곱 분께 깊은 감사를 전한다. '그 만남'이 오병이어가 되어 책장을 넘기는 독자에게 허기를 채우는 영혼의 양식이 되길 두 손 모아 소망한다.

작가 김수형

사명선언문

너희가 흠이 없고 순전하여……세상에서 그들 가운데 빛들로
나타내며 생명의 말씀을 밝혀 _ 빌 2:15-16

1. 생명을 담겠습니다
만드는 책에 주님 주신 생명을 담겠습니다.
그 책으로 복음을 선포하겠습니다.

2. 말씀을 밝히겠습니다
생명의 근본은 말씀입니다.
말씀을 밝혀 성도와 교회의 성장을 돕겠습니다.

3. 빛이 되겠습니다
시대와 영혼의 어두움을 밝혀 주님 앞으로 이끄는
빛이 되는 책을 만들겠습니다.

4. 순전히 행하겠습니다
책을 만들고 전하는 일과 경영하는 일에 부끄러움이 없는
정직함으로 행하겠습니다.

5. 끝까지 전파하겠습니다
모든 사람에게, 땅 끝까지, 주님 오시는 그날까지
복음을 전하는 사명을 다하겠습니다.

서점 안내

광화문점 서울시 종로구 새문안로 69 구세군회관 1층
02)737-2288 / 02)737-4623(F)

강남점 서울시 서초구 신반포로 177 반포쇼핑타운 3동 2층
02)595-1211 / 02)595-3549(F)

구로점 서울시 동작구 시흥대로 602, 3층 302호
02)858-8744 / 02)838-0653(F)

노원점 서울시 노원구 동일로 1366 삼봉빌딩 지하 1층
02)938-7979 / 02)3391-6169(F)

일산점 경기도 고양시 일산서구 중앙로 1391 레이크타운 지하 1층
031)916-8787 / 031)916-8788(F)

의정부점 경기도 의정부시 청사로47번길 12 성산타워 3층
031)845-0600 / 031)852-6930(F)

인터넷서점 www.lifebook.co.kr